U0955338

中小企业数字化转型影响因素与路径探究

张玉洁◎著

经济日报出版社
·北京·

图书在版编目（CIP）数据

中小企业数字化转型影响因素与路径探究 / 张玉洁著. --北京：经济日报出版社，2025. 8.
ISBN 978-7-5196-1606-9

Ⅰ. F276. 3-39

中国国家版本馆 CIP 数据核字第 2025DA6511 号

中小企业数字化转型影响因素与路径探究

ZHONGXIAO QIYE SHUZIHUA ZHUANXING YINGXIANG YINSU YU LUJING TANJIU

张玉洁　著

出版发行：经济日报出版社
地　　址：北京市西城区白纸坊东街 2 号院 6 号楼
邮　　编：100054
经　　销：全国各地新华书店
印　　刷：北京天宇星印刷厂
开　　本：710mm×1000mm　1/16
印　　张：11
字　　数：150 千字
版　　次：2025 年 8 月第 1 版
印　　次：2025 年 8 月第 1 次
定　　价：56. 00 元

本社网址：www. edpbook. com. cn，微信公众号：经济日报出版社

请选用正版图书，采购、销售盗版图书属违法行为

版权专有，盗版必究。本社法律顾问：北京天驰君泰律师事务所，张杰律师

举报信箱：zhangjie@tiantailaw. com　　举报电话：（010）63567684

本书如有印装质量问题，由我社事业发展中心负责调换，联系电话：（010）63538621

前　言

在21世纪的当下，全球经济正以前所未有的迅猛之势融合与变革，信息技术的日新月异不仅重塑了产业版图，更深刻地颠覆了企业的生存与发展范式。数字经济作为这一时代的标志性特征，正以前所未有的磅礴力量，引领全球经济结构进行深刻的调整与升级。对于中小企业而言，数字化转型不仅是应对市场风云变幻的必由之路，更是强化核心竞争力、实现跨越式发展的关键法门。通过数字化转型，中小企业能够挣脱传统经营模式的桎梏，优化资源配置，提升运营效率，并创新服务模式，从而在激烈的市场竞争中赢得一席之地。在此背景下，中小企业作为国民经济的坚实基石，其数字化转型的迫切性与重要性愈发凸显。然而，尽管数字化转型的重要性不言而喻，中小企业在实际推进过程中却遭遇重重挑战。一方面，资金、技术、人才等资源的有限性，使中小企业难以独自承担高昂的转型成本；另一方面，数字化转型涉及企业战略的重塑、组织结构的优化、业务流程的革新等多个层面，要求企业具备高度的组织变革能力与创新能力。基于此背景，在北京联合大学应用科技学院学术出版基金的支持下，作者在参阅相关著作与文献的基础上撰写了此书，以期为中小企业的数字化转型之路提供有价值的参考与指导。

本书首先分析数字化转型基础理论，阐述数字经济内涵、特征及对中小企业的影响，梳理国内外研究成果以构建理论基础。其次深度剖析影响因素，分析市场需求、技术进步等外部驱动因素及企业战略、资源能力等内部因素，构建模型揭示因素间作用关系与对转型路径的影响。接着探讨路径选择与策略实施，结合中小企业实际，分析信息化建设、业务流程优化等转型路径，通过案例阐述各阶段策略措施并分享成功案例。最后展望未来趋势，依据全球数字经济、技术创新与市场需求趋势，为中小企业提供战略指导。

中小企业数字化转型是一项复杂且艰巨的任务，需要企业从战略高度出发，全面审视自身资源和能力，科学规划转型路径，积极应对各种挑战。本书愿成为中小企业在数字化转型道路上的良师益友，为它们提供理论支持和实践指导。在撰写过程中，作者秉持着严谨的态度，力求为广大读者呈现一部高质量、内容丰富的作品。然而，由于自身水平的局限性，书中难免存在不完善之处。对此，诚挚地邀请各位专家、中小企业数字化转型工作者以及广大读者朋友对作品进行批评和指正。

作者

2024 年 9 月

目 录

第一章 数字经济时代的中小企业发展

随着科技的飞速进步和全球化的深入发展，数字经济已成为推动全球经济转型和增长的重要力量。它不仅改变了传统产业的运作方式，还催生了众多新兴产业和商业模式，为全球经济注入了新的活力。数字技术的不断创新和应用为数字经济的发展提供了强大的动力。人工智能、区块链、云计算等前沿技术的不断突破，使得数据处理、分析和应用的能力大幅提升，为数字经济的发展奠定了坚实的基础。这些技术的应用不仅提高了生产效率，还促进了产业结构的优化升级，推动了经济的高质量发展。

第一节 数字经济的深度剖析

一、数字经济的概念溯源与理论演进

（一）数字经济的概念溯源

1. 信息技术革命与信息经济兴起（20 世纪 40—70 年代）

在 20 世纪 40—70 年代，信息技术革命带来了计算机和互联网等新兴技术的发展，信息成为经济活动中的核心要素之一。这一时期，信息的传递、处理与管理能力取得了显著进展，尤其是在计算机硬件和通信技术的不断进步下，世界各地的企业和机构逐渐意识到信息的重要性，并尝试将其纳入生产和管理体系中。

计算机、互联网等信息技术发展：二战后的计算机技术发展进入快速轨道。电子计算机的发明及其应用，尤其是 20 世纪 60 年代，计算机逐步从军事和科研领域走向商业领域。与此同时，互联网技术也开始萌芽。1957 年美国发射的第一颗人造卫星“斯普特尼克 1 号”开启了空间技术革命，而接下来的 ARPANET（1969 年）为后来的互联网奠定了基础。此时，信息的处理和传播速度的革命性提升，使得计算机和网络成为经济体系中不可或缺的基础设施。

信息成为重要生产要素：20 世纪 60 年代，著名经济学家弗里茨 · 马赫卢普（Machlup）提出了“信息经济”这一概念，强调信息对现代经济的推动作用。① 他指出，信息是不可忽视的生产要素，具有决定性的经济影响。1977年，保罗·波拉特（Porat）进一步发展了这一理论，提出了“信息社会”的概念，描述了信息在生产、交换、消费等各个环节中所扮演的重要角色。② 这一时期，信息经济的基础理论逐步形成，信息不再仅仅被看作是单纯的知识传播工具，而是被赋予了价值的核心生产要素的地位。

2. 网络经济与知识经济（20世纪80—90年代）

进入20世纪80年代，随着计算机技术的快速普及和互联网的兴起，经济的结构发生了深刻变化，传统的工业经济逐渐向信息化、网络化的方向转型。在这一阶段，网络经济和知识经济的理论逐渐成形，成为数字经济的重要组成部分。

互联网普及，网络效应凸显：20世纪80年代末到90年代初，互联网的普及及计算机网络的全球互联使得经济活动发生了革命性的变化。互联网不仅加速了信息流通的速度，也促进了全球范围内的互动和资源共享。在经济学上，网络效应开始凸显，指的是用户数量的增加能够带来服务质量和网络效益的提升。网络效应成为推动互联网经济发展的核心动力，促使了新的商业模式的诞生。

知识成为关键生产要素：在这一时期，彼得·德鲁克（Peter Drucker）提出了“知识经济”的概念，强调知识和信息在推动生产力发展中的核心作用。③ 德鲁克认为，知识已经成为现代社会的核心资产，知识经济的核心在于创造、获取和利用知识的能力。在此背景下，企业和社会的竞争力不再单纯依赖于资本和劳动力，而是更加依赖于创新、技术和知识的积累

① Machlup, F. The Production and Distribution of Knowledge in the United States [M]. Princeton University Press, 1962: 118.

② Porat, M. U. The Information Economy: Definition and Measurement [M]. U. S. Department of Commerce, National Technical Information Service, 1977: 218.

③ Drucker, P. F. Post-Capitalist Society [M]. Harper Business, 1993: 157.

与应用。

网络经济与知识经济的交融：在此阶段，网络经济和知识经济逐渐融合。网络经济理论的提出者凯利（Kevin Kelly）提出了“网络经济”的构想，指出网络是一个不断扩张的系统，能够通过信息的流动带来效益最大化。① 网络经济与知识经济的结合，使得信息和知识不再仅仅是企业管理中的辅助因素，而是成为经济系统中最具价值的资源。

3. 数字经济概念形成

随着信息技术的快速发展，尤其是互联网、人工智能、大数据等技术的成熟与普及，数字经济这一概念在20世纪90年代末逐渐成形。数字经济的提出与发展标志着经济活动的数字化转型，并推动了传统经济体系向更加智能化、信息化的方向发展。

信息技术与实体经济深度融合：进入21世纪，互联网技术不再局限于信息流通和传播，而是开始深度渗透到各个行业和领域，推动了数字化、智能化生产模式的出现。信息技术与传统产业的融合加速了产业链的重组和经济结构的转型。电子商务、数字支付、智能制造、在线教育、金融科技等新兴业态的兴起，成为数字经济的重要组成部分。随着这些新兴行业的发展，传统经济的核心环节如生产、流通、消费等都开始转向数字化，实体经济也逐渐由信息化、数字化的形态所主导。

数据成为核心生产要素：与过去的知识经济不同，数字经济的重要特征之一就是数据成为核心生产要素。大数据、人工智能、物联网等新兴技术使得数据的生成、收集、处理和应用成为现代经济的重要组成部分。数据被认为是数字经济的“新石油”，它在推动创新、提升生产力、优化资源配置等方面扮演着决定性的角色。数字经济不仅仅是信息技术的发展，更是数据在全球范围内深度运作的经济形式。

---

① Kelly, K. New Rules for the New Economy: 10 Radical Strategies for a Connected World [M]. Viking, 1998: 312.

数字经济的正式提出与发展：1996 年，唐纳德·塔普斯科特（Donald Tapscott）在《数字经济》一书中首次提出了“数字经济”这一概念，强调数字技术已经成为经济发展的核心动力。① 塔普斯科特认为，数字经济的特征不仅仅是信息技术的普及，而是其所引发的一场全面的经济、社会和文化变革。数字经济将经济活动中的生产、交换、分配和消费等所有环节都转变为依赖信息技术和数据流动的形式。随着互联网的全球化与技术创新的不断推进，数字经济的概念逐渐得到了全球范围的认同和接受，成为推动全球经济发展的核心力量。

（二）数字经济的理论演进

1. 信息经济学

信息经济学起源于对信息在经济活动中作用的关注，特别是信息不对称和信息成本对市场行为的影响。信息经济学的核心观点是，信息在经济决策中占据着至关重要的位置，信息的获取、传播与管理直接影响着市场效率和资源配置。在传统经济中，信息常常被视为一种外部因素，但随着信息技术的进步，信息逐渐成为经济体系中不可忽视的资源，特别是在数字经济的背景下，信息已成为核心的生产要素。

研究信息不对称、信息成本等对经济行为的影响：信息经济学主要研究在信息不对称的条件下，市场主体如何作出最优决策。信息的不对称意味着市场上的各方在信息上存在差异，这种差异会导致市场失灵。在传统的商品交易中，买卖双方的信息往往不对等，导致了道德风险和逆向选择等问题。数字经济的发展使得信息传递的成本显著下降，也催生了新的信息不对称现象，如大数据时代的隐私保护问题和信息安全问题。

为理解数字经济中的信息问题奠定理论基础：信息经济学为数字经济

---

① Tapscott, D. The Digital Economy: Promise and Peril in the Age of Networked Intelligence [M]. McGraw-Hill, 1996: 124.

中的信息流动、定价机制以及市场结构的分析提供了理论框架。例如，在大数据时代，如何处理信息不对称带来的市场失效问题，如何平衡信息获取的成本与利益等，信息经济学为此提供了重要的视角与方法论。

2. 网络经济学

随着互联网的发展，网络经济学逐渐成为理解数字经济的重要理论工具。网络经济学关注网络效应、平台经济等新兴经济现象，研究如何通过网络带来规模效益和跨越传统经济结构的影响。网络经济学认为，网络技术能够打破传统市场的地域和物理限制，创造出全新的商业生态系统和经济模式。

研究网络效应、平台经济等新经济现象：网络效应指的是一个网络的价值随着用户数量的增加而增大的现象。这在数字经济中尤为明显，特别是在社交平台、电商平台等领域，用户越多，平台的价值就越高。平台经济则是在互联网的基础上兴起的一种新型商业模式，企业通过构建一个数字平台，吸引大量用户和生产者在上面进行交易、交换信息或提供服务。平台经济的成功依赖于强大的网络效应，因此，网络经济学理论为分析平台经济的运行机制、盈利模式以及市场竞争提供了理论依据。

为分析数字经济的运行机制提供理论框架：网络经济学为数字经济的运行机制提供了详细的理论框架，尤其是在分析平台的市场竞争、消费者行为、数据利用等方面具有重要意义。它使我们能够理解在信息共享和交换的背景下，如何通过技术手段和市场机制推动数字经济的高效运行。

3. 创新经济学

创新经济学关注技术创新和新兴技术对经济增长和社会发展的推动作用。数字经济的发展离不开技术的创新和突破，尤其是信息技术、人工智能、大数据等技术的革命性进步，为新的商业模式和生产方式提供了技术支撑。创新经济学认为，经济增长的根本动力不仅仅来自于资本和劳动的投入，更重要的是技术创新和知识创新。

研究技术创新对经济增长的影响：创新经济学的一个核心观点是技术创新是推动经济增长的重要动力。创新不仅仅局限于产品的创新，还包括生产过程、商业模式、市场机制等方面的创新。在数字经济中，技术创新表现为信息技术的持续发展和应用，人工智能、大数据、云计算等新技术在各行各业中的广泛应用，推动了数字经济的迅猛发展。

为理解数字经济的创新驱动特征提供理论支撑：数字经济具有显著的创新驱动特征，创新不仅是经济增长的核心驱动力，还对产业结构、就业模式和社会行为产生深远影响。创新经济学为理解数字经济如何通过技术创新和商业模式创新推动社会经济转型提供了理论支持。数字经济的发展过程实际上就是一个技术不断创新、推动产业升级和市场重构的过程。

4. 制度经济学

制度经济学关注经济制度对经济活动的影响，尤其是制度安排如何影响经济绩效、资源配置和市场行为。随着数字经济的快速发展，新的市场模式、竞争规则和治理结构要求新的制度安排和政策支持。数字经济不仅挑战传统的经济管理方式，还涉及到如何在全球范围内实现资源的高效配置和公平分配，因此，数字经济的健康发展离不开有效的制度建设。

研究制度安排对经济绩效的影响：制度经济学强调制度的作用，认为不同的制度安排直接影响市场效率和社会福利。在传统经济中，制度安排决定了资源的配置和市场的运行机制。在数字经济中，制度安排不仅涉及到法律法规、知识产权保护、数据安全等基本规则，还包括平台经济、人工智能等新兴领域的政策监管。如何为数字经济提供公平、透明和高效的制度环境，已成为全球范围内亟待解决的问题。

为构建数字经济的治理体系提供理论指导：数字经济的快速发展对现有的治理体系提出了新的挑战。在这种背景下，制度经济学提供了如何构建有效的治理结构和政策框架的理论指导。例如，如何通过优化数字平台的监管体系，促进数字技术的创新，同时保证市场的公平性和消费者的权益，制度经济学为这些问题提供了深刻的理论分析与解决方案。

二、数字经济的本质、特征与属性

（一）数字经济的本质

数字经济作为一种全新的经济形态，其本质可以从多个维度进行深入分析。其技术驱动、经济机制和社会影响等方面相互交织，构成了数字经济的复杂性和多样性。以下将从技术、经济和社会三个维度，对数字经济的本质进行透视。

1. 技术维度：数据驱动与智能融合

数字经济的核心特征之一是其深度依赖数据和信息技术，尤其是在大数据、人工智能、云计算、区块链等新一代信息技术的推动下，数字经济的生产模式、业务流程和市场结构都发生了前所未有的变化。

数据成为核心生产要素：在传统经济中，土地、劳动力和资本是生产的三大要素。然而，在数字经济中，数据已成为核心生产要素，甚至被认为是“新型石油”。数据作为无形资产，在商业和产业的各个环节中发挥着至关重要的作用。通过对大量数据的采集、存储和分析，企业能够获得精准的市场洞察和用户需求，优化生产和服务流程，从而提升决策效率和生产力水平。大数据技术通过精准的预测和分析，使得数字经济活动能够更加智能化、网络化和协同化。

人工智能、云计算、区块链等新技术的深度融合：数字经济的基础不仅仅是数据的使用，更在于信息技术的深度融合。人工智能通过对数据的处理、学习和推理，赋能各种行业，实现自动化、个性化和智能化服务。云计算的出现，使得企业和个人能够按需获取计算资源，降低了进入数字经济的门槛，同时提升了生产力和灵活性。区块链技术则通过去中心化的信任机制，确保数字交易的安全性和透明性，在金融、供应链管理等领域有着广泛应用。这些技术的协同作用不仅加速了生产力的提升，还促进了生产关系的重构，推动了价值创造和资源配置的效率提升。

2. 经济维度：平台主导与生态共生

平台经济是数字经济的另一显著特征，平台通过整合资源、连接供需双方、提供服务，成为经济活动的重要载体。平台经济不仅改变了企业的商业模式，也改变了生产与消费的方式，形成了以平台为核心的数字经济生态系统。

平台经济崛起：平台经济指的是通过网络平台连接供需双方，实现资源的有效配置和交易的模式。典型的代表如阿里巴巴、亚马逊、Uber、Airbnb等，通过平台化运作，极大提升了经济效率。平台经济的优势在于，它能够汇聚各方资源，降低交易成本，提供创新的商业模式和服务方式。平台不仅能够实现资源的优化配置，还能够促进价值的创造与交换。平台的规模效应和网络效应使其逐渐成为推动数字经济的核心力量。

开放、协同、共生的数字经济生态系统：数字经济的生态系统是一个高度开放、互联互通的网络体系。不同平台和企业通过技术的协同合作，共同推动整个经济体系的发展。在这个生态系统中，所有的参与者无论大小都可以通过平台与其他企业和消费者互动，形成共生的关系。例如，在数字支付、共享经济、电子商务等领域，参与者共同分享数据、技术和创新成果，推动整个行业的发展。数字经济生态系统中的“共享”不仅是信息和数据的共享，还包括价值的共享与共创。这种协同合作的模式推动了经济从传统的竞争驱动转向合作共赢，形成了新型的商业价值链。

3. 社会维度：普惠性、包容性与可持续发展

数字经济不仅在技术和经济层面带来了革命性变化，还在社会层面产生了深远的影响，尤其是在推动社会包容性、普惠性以及可持续发展方

面，数字经济展现出了巨大的潜力。

数字经济打破时空限制，促进信息、知识和资源的普惠共享：数字经济的最大优势之一就是其普惠性和包容性。通过互联网和数字平台，任何人在任何地方都能够获取到知识、信息、产品和服务，从而实现社会资源的公平分配。无论是在发达地区还是偏远地区，数字技术都能够让信息无障碍传播，打破传统经济体系中的时间和空间限制，使得社会各阶层的人都能够共享数字经济带来的福利。数字教育、在线医疗、远程办公等新型服务也有效缩小了社会群体之间的数字鸿沟。

推动绿色发展、包容性增长和可持续社会价值创造：在应对全球气候变化和推动可持续发展方面，数字经济同样扮演着重要角色。通过大数据和物联网技术，数字经济能够有效监测和管理能源、环境等自然资源，推动绿色技术的创新和应用，从而促进可持续发展。数字技术还能够在全球范围内促进包容性增长，尤其是在帮助欠发达地区实现经济增长和社会发展的同时，促进教育、健康和基础设施的改善。此外，数字经济通过高效的资源配置和智能化的生产方式，帮助企业减少浪费、提高生产效率，推动绿色产业和可持续商业模式的形成。

数字经济的本质是多维的，涵盖了技术、经济和社会等多个层面。技术维度上，数据与智能技术的融合推动了生产力和生产关系的变革；经济维度上，平台经济的崛起构建了一个开放协同的数字经济生态系统；社会维度上，数字经济通过普惠共享、绿色发展和可持续增长，推动社会向更加包容和公正的方向发展。通过这一多维度的透视，能够全面理解数字经济的内涵及其对全球经济、社会和治理体系的深远影响。

（二）数字经济的基本特征

1. 数据驱动

在数字经济中，数据的价值远超传统的生产要素，如土地、劳动力和资本。数据被视为一种新型的生产要素，它在经济活动中发挥着核心作用，不仅是信息传递的载体，还成为决策、创新、市场分析及产品研发的基础。数据通过提供真实、全面的信息，为企业、政府和个人提供了前所未有的洞察力。数据的积累、存储和分析能力不断提升，推动着各行各业的转型升级。

与传统资源的有限性不同，数据具有高度的可复制性和可再生性。一旦数据被收集并存储，就可以反复使用、传输和分析，而不会消耗其价值。此特性使得数字经济具有更强的可持续性，因为大量的数据积累会不断创造新的价值。对于企业来说，通过对数据的重复利用，可以发现潜在的市场机会和优化点，进而提升竞争力。

随着数据分析技术（如大数据分析、人工智能算法等）不断发展，数据的潜在价值持续增长。企业通过利用先进的分析工具，可以从大量的原始数据中提取出有价值的信息，为消费者提供个性化的服务，优化生产流程并提升经营效率。数据不仅具备即时的商业价值，其长期积累的价值也是数字经济发展的重要驱动力。

2. 智能化与自动化

数字经济的一个重要特征是人工智能技术的广泛应用。AI 能够通过分析大量数据自动发现规律，进行决策，甚至自主学习和优化。人工智能不仅在自动化生产和服务中发挥作用，还在个性化推荐、语音识别、图像识别等领域中扮演重要角色。企业通过应用 AI 技术，提高了生产效率，降低了人工成本，同时也提升了消费者体验。

数字经济推动了生产流程的自动化，尤其是在制造业、物流、客户服务等领域。自动化技术的应用不仅提升了生产效率，还减少了人为干预，降低了错误率。许多传统产业的生产环节都通过智能机器人、无人机、自动化仓库等技术完成，极大提升了产值和生产力。服务领域也越来越依赖智能客服、自动化客服系统等技术，实现了客户服务的高效性与低成本。

大数据分析和人工智能的结合使得数字经济可以根据历史数据和实时数据做出精准的预测。企业能够通过数据分析判断消费者需求的变化、市场趋势和潜在风险，及时调整生产与营销策略。实时决策能力帮助企业在激烈的市场竞争中快速反应，从而获得竞争优势。

3. 平台化与网络效应

平台经济是数字经济最显著的特征之一。平台经济通过互联网和信息技术的支撑，提供了一个连接供需双方的虚拟平台，极大地提高了市场流通效率。典型的平台经济企业如阿里巴巴、亚马逊等，利用平台连接消费者和服务提供者，从而创造了巨大的商业价值。平台不仅提供交易、支付等基础服务，还通过数据分析、用户行为分析等方式提升用户体验。

平台经济中的典型特征是双边或多边市场结构。比如，电商平台连接卖家与买家，支付平台连接商家与消费者，社交平台连接内容创作者与用户。通过平台提供的服务，多个不同的用户群体可实现交互、创造价值。平台经营者通常通过数据分析来优化匹配机制，提升市场效率并推动价值创造。

网络效应是数字经济中的一个关键概念。随着平台用户数量的增加，每个用户的参与会使得平台的价值呈指数级增长。网络效应不仅提升了平台的市场吸引力，也增加了用户黏性，使得平台能够维持强大的市场竞争力。比如，社交平台的用户数量越多，用户间的互动价值就越高，从而吸引更多的用户参与并形成良性循环。

4. 全球化与跨界融合

数字经济的全球化特征使得企业能够在全球范围内优化资源配置。得益于互联网和数字技术，企业的生产、研发、销售等各个环节不再受地理位置的限制。企业可以通过全球供应链、云计算、远程工作等方式进行全球资源的协调和配置。跨国公司通过数字平台可以迅速进入新兴市场，降低成本，提升全球竞争力。数字技术推动了行业间的融合，许多传统行业的边界变得模糊。金融科技、医疗科技、教育科技等新兴行业的出现，就是数字经济推动的跨行业融合的产物。数字技术使得这些行业能够借助信息技术、数据分析、人工智能等手段，打破原有的行业限制，创造新的商业模式。

数字经济使得供应链管理更加智能化。企业通过数字技术和大数据分析实现了供应链的实时监控、自动调度和快速响应，减少了供应链的冗余环节和成本，提高了供应链的灵活性和效率。例如，物流领域的自动化仓库、智能配送等系统，已成为数字经济的重要组成部分。

5. 去中心化与个性化

数字经济颠覆了传统的中心化商业模式，尤其是互联网的普及使得个体和小型企业能够直接参与到市场竞争中。去中心化平台让消费者、创作者、开发者能够更加自由地交换信息和服务，打破了传统商业模式中多层中介的限制。去中心化的区块链技术更进一步推动了数字经济的去中心化趋势，拓展了信任、透明度和安全性的新维度。

数字经济的另一个显著特征是个性化的服务和精确营销。借助大数据分析和人工智能，企业可以深入了解消费者的行为和需求，为其提供量身定制的产品和服务。这种个性化营销提高了消费者的满意度和忠诚度，同时也帮助企业提高了营销效率，降低了营销成本。

数字经济使得消费者和生产者之间的关系更加灵活和自主。在数字平台上，用户可以随时选择和参与自己感兴趣的服务或商品，具有更大的自由度。此外，创作者、开发者和用户可以自由定义他们的角色和参与方式，推动了去中介化和自我管理的发展。

6. 虚拟化与数字化资产

在数字经济中，数字货币、虚拟商品、数字版权等数字资产成为经济交易的重要组成部分。这些数字资产的创造与交易方式颠覆了传统资产的形式，尤其是在区块链技术和加密货币的推动下，数字资产市场的规模不断扩大。这些虚拟资产具有较高的流动性和透明度，推动了数字经济的全球化和跨行业融合。数字经济促使了许多产品和服务的数字化，包括软件、电子书、在线课程、数字媒体等。通过互联网平台，这些数字产品可以无缝流通，用户可以随时随地访问和使用。这种数字化趋势使得传统行业的产品和服务逐渐转向线上，提升了消费者购买的便利性。

随着区块链技术的普及，数字货币和去中心化支付系统得到了广泛应用。这些新型支付方式不仅提高了交易的安全性和透明度，也推动了全球化金融的变革。数字支付的普及使得跨境支付、在线购物以及虚拟物品交易等变得更加便捷。

7. 创新驱动与技术引领

技术创新，尤其是在信息技术、人工智能、区块链和物联网等领域的突破，是推动数字经济发展的核心动力。新的技术不断推动着经济的转型和发展，从传统制造业到数字平台、智能产品的普及，技术创新为数字经济注入了持续的活力。

数字经济的本质就是创新驱动。创新不仅仅体现在技术领域，也体现在商业模式、组织形式、管理方法等各个方面。企业通过技术创新、业务模式创新以及组织结构创新，不断提升市场竞争力，推动数字经济的快速发展。

（三）数字经济的属性

1. 数据是数字经济的关键要素

在 21 世纪的科技浪潮中，数据作为一股不可小觑的力量，正引领着全球经济格局的深刻变革。

2019 年 10 月，中国政治生活中的重要时刻——党的十九届四中全会召开，会议上，数据被正式列为新的生产要素范畴，这一决策标志着数据在我国经济社会发展中的地位得到了前所未有的提升。在万物互联的时代背景下，数据如同流动的血液，渗透到社会生产生活的每一个角落，成为推动经济转型升级的重要引擎。

“数乘万物”，这一简洁而深刻的表述，精准地概括了数据作为新型生产要素的最大优势。不同于传统生产要素的有限性和稀缺性，数据具有无限的可复制性和共享性。这意味着，一旦数据被创造出来，就可以被无限次地复制和传播，从而极大地降低了信息获取和使用的成本。例如，在科研领域，科研人员可以通过共享实验数据，加速科研进程，提高科研效率；在医疗领域，患者的病历数据可以在不同医院之间共享，为医生提供更全面的诊断依据，从而提升医疗服务质量。

为了充分发挥数据的这一优势，我国接连发布了一系列政策规范，旨在引导数据的合理开发和利用。从数据安全法到个人信息保护法，从数据交易规则到数据跨境流动管理，这些政策不仅为数据的开发利用提供了法律保障，也促进了数据市场的健康发展。随着政策的稳步推进，我国的数据基础资源优势正逐步转化为经济发展的新优势，为数字经济的蓬勃发展奠定了坚实基础。

数据作为生产要素，其独特之处在于其可复制性和共享性。这种特性从根本上打破了传统生产要素的稀缺性制约，使得数据资源得以在更广泛的范围内流通和配置。这种流通和配置不仅促进了资源的优化配置和高效利用，也推动了生产关系的现代化和高效化。在数字经济时代，数据成为连接生产者和消费者的桥梁，使得生产和服务更加精准、高效、个性化。

然而，数据的广泛应用也带来了新的挑战。如何确保数据的质量、安全和可用性，成为数字经济健康发展的关键。只有建立完善的数据治理体系，加强数据监管和保护，才能有效防止数据泄露、滥用等问题的发生，保障数据市场的公平竞争和消费者的合法权益。

数字经济是围绕数据展开的经济活动。在这个经济活动中，数据不仅是核心资源，更是推动数字经济不断发展、创新和变革的重要基石。数据的收集、处理、分析和应用贯穿于数字经济的各个环节，从生产到消费，从决策到执行，都离不开数据的支撑。在数字经济时代，数据的产生、存储、处理和运用将影响整个经济体系的运作和发展，进而推动经济结构转型和提升经济增长质量。因此只有充分理解并高度重视数据的重要性，才能有效运用数据资源，进而构建以数据为核心要素的数字经济体系。这种体系将不仅提升经济效率和竞争力，还能推动经济的长期稳定和可持续发展。

2. 信息技术是数字经济的驱动要件

随着信息技术的日新月异，数据不仅成为连接物理世界与数字世界的桥梁，更是推动全球经济结构深刻变革、社会治理模式全面创新的核心要素。

数字经济，这一新兴的经济形态，其本质在于数字信息技术的不断创新与应用。从云计算、大数据、人工智能到区块链、5G 等前沿技术，每一项技术的突破都深刻地改变着我们的生产方式、生活方式乃至思维方式。没有数字信息技术的迅猛发展，就没有数字经济的繁荣景象。因此，我们必须深刻认识到，在数字经济时代，技术创新就是核心竞争力，就是国家实力的体现。

3. 产业数字化和数字产业化是数字经济的两种表现形式

（1）产业数字化的深度探索

产业数字化的浪潮正以前所未有的速度席卷全球，其核心在于利用数字信息技术这把“金钥匙”，打开传统产业转型升级的“大门”。这一过程不仅仅是技术的简单堆砌，更是对企业组织结构、产业发展模式乃至整个产业链条的深度改革与重塑。通过数字技术赋能，企业能够在生产、管理、服务等各个环节实现智能化、精细化操作，进而提升生产效率、降低运营成本、优化资源配置，为产业的转型升级注入强大动力。

以工业领域的智能制造为例，借助物联网、大数据、人工智能等先进技术，传统制造业正逐步向智能化、网络化、服务化方向转型。智能工厂、无人工厂等新型生产模式不断涌现，不仅提高了产品的质量和生产效率，还实现了生产过程的可视化、可追溯，为企业的可持续发展奠定了坚实基础。同样，在农业领域，精准农业的应用让农民能够更精确地掌握作物生长情况，合理调配资源，提高农作物产量和品质，促进了农业的现代化和可持续发展。

然而，值得注意的是，产业数字化并非一蹴而就，它需要建立在坚实的产业基础之上。数字技术虽强，但若无产业的支撑，便如无源之水、无本之木，难以持久发展。因此，在推进产业数字化的过程中，我们必须坚持“以产业为本，数字赋能”的原则，确保数字技术与实体经济深度融合，共同推动产业的现代化进程。

（2）数字产业化的蓬勃发展

与产业数字化相呼应的是数字产业化，它是以数字信息技术为核心驱动力，通过市场化运作促进数字产业快速发展的过程。在这个过程中，数字技术的商业化应用成为关键。基于数字技术的产品和服务层出不穷，如云计算、大数据、人工智能、区块链等，这些新兴技术不仅为企业提供了更加高效、便捷、安全的解决方案，还推动了数字产业生态的构建和优化。

以云计算为例，它已成为数字经济时代的重要基础设施之一。通过云计算平台，企业可以灵活地获取计算资源、存储资源和网络资源，实现业务的快速部署和扩展。同时，云计算还促进了数据的共享和流通，为企业的创新发展提供了有力支撑。在大数据领域，数据已成为新的生产要素和战略资源。通过对海量数据的挖掘和分析，企业可以洞察市场趋势、把握消费者需求、优化产品和服务，从而实现精准营销和个性化服务。

为了促进数字产业化的快速发展，需要关注数字产业化的核心问题——创新。创新是数字产业化的灵魂和动力源泉。只有不断推动新产品、新服务的创新研发和应用推广，才能保持数字产业的竞争力和活力。同时，我们还需要加强数字产业生态的建设和优化，促进产业链上下游企业的协同合作和资源共享，形成互利共赢的产业生态体系。

（3）协同推进产业数字化与数字产业化

在数字经济发展的征程中，产业数字化与数字产业化作为两大核心路径相辅相成、缺一不可。它们共同推动着数字经济的快速发展和转型升级。一方面通过产业数字化改造传统产业，提升生产效率和服务质量；另一方面通过数字产业化促进新兴产业的蓬勃发展，壮大数字经济规模。两者相互融合、相互促进，共同构建了数字经济发展的良好生态。

为了更好地协同推进产业数字化与数字产业化，我们需要加强政策引导和支持力度，制定科学合理的发展规划和政策措施为数字经济发展提供有力保障。同时我们还需要加强人才培养和引进工作，培养一批具有国际视野和创新能力的数字人才，为数字经济发展提供智力支持。此外我们还需要加强国际合作与交流，借鉴国际先进经验和技术，推动我国数字经济在更高水平上实现跨越式发展。

三、数字经济在全球经济格局中的重要性与紧迫性

（一）数字经济发展的重要性

随着数字经济的蓬勃兴起及其内涵与外延的持续扩展，它已逐步转变为一个涵盖技术创新、基础设施建设等多个维度的综合性发展项目。

1. 生命线——加强关键核心技术攻关

当国家关键元器件的控制权落入他国之手，且我们的供应链高度依赖外部时，就如同在松软的沙地上建造城堡，其抵御风险的能力极其脆弱，一旦遭遇外部冲击，很可能迅速崩溃。关键核心技术无法通过简单的市场购买或金钱交易获得，这进一步凸显了自主创新在国家发展中的重要地位。作为国家发展的基石，关键核心技术必须依赖于我们自身的创新力量和技术突破，而非仅仅依靠外部引进。唯有掌握这些核心技术，我们才能从根本上保障国家的安全，有效防范外部威胁和潜在风险。

在全球数字化浪潮汹涌澎湃的今天，科技创新的重要性愈发凸显。科技自立自强不仅是我国发展的重要支撑，也是我们的战略定位，这一理念深深植根于我国科技发展的历史之中。改革开放以来，我国科技事业始终坚持自主研发、自强不息的原则，并在众多领域取得了与国际先进水平比肩的成就。然而，必须清醒地认识到，在部分关键核心技术上，我们仍面临对外依赖的严峻挑战。美国等西方国家不断强化对中国的技术封锁，企图以此遏制中国在科技领域的崛起。美国利用“长臂管辖”等手段，对中国科技企业实施技术流动限制，包括技术转让限制、专利授权控制等，严重干扰了正常的科技交流与合作。

以华为为例，作为全球通信技术领域的佼佼者，特别是在5G网络建设方面，华为拥有显著的技术优势和市场份额。美国担心华为的崛起会威胁其技术霸权，特别是在全球通信基础设施和下一代互联网技术的竞争中。因此，美国采取了一系列非市场化的行政手段打压华为，试图阻碍中国在这些关键技术领域的发展，保持自身的技术优势和市场主导地位。同时，美国还设置重重障碍，干扰甚至阻断华为与其他企业正常的科技交流与合作。面对这一严峻形势，中国迫切需要加速突破关键领域的“卡脖子”技术，努力实现从无到有的原始创新，坚定不移地走自主研发、独立可控的道路。

在推进数字核心技术突破的过程中，既要强化基础研究，又要注重将基础研究的成果转化为产业应用。如果仅仅专注于信息技术的基础理论探索，而忽视了将科研成果转化为产业实践，就会在技术与产业之间形成一道无形的壁垒，阻碍数字经济在重构产业链和提升价值链上的深度转型，进而难以充分发挥其推动传统产业转型升级的强大动力。因此，缺乏成果转化的有效桥梁，单纯的理论研发将会限制数字经济潜能的全面释放与深入渗透。

当前，全球科技创新活动正处于前所未有的活跃期，网络信息技术已成为国际竞争版图中的核心领域之一，是衡量国际竞争力的重要标尺。在此背景下，中国必须坚定不移地加强科技自主创新，推动自主可控的关键核心技术取得突破性进展，以提升自身在全球科技创新格局中的地位和影响力。只有持续增强自主创新能力，中国才能在现代科技领域取得更加辉煌的成就，稳步迈向科技强国的伟大目标。

2. 重要基石——加快新型基础设施建设

数字经济的迅猛发展，离不开坚实完备的数字基础设施作为基石。唯有构建起高效且稳定的数字基础设施体系，才能为数字经济的繁荣发展提供强有力的支撑。

当前，随着数字技术的不断进步，信息通信基础设施正经历着持续的发展与升级，其内涵与外延也在不断拓宽。在此过程中，以互联网为代表的新一代信息技术已成为驱动世界经济增长的关键力量，对社会生活产生了深远且广泛的影响。回顾历史，铁路、公路和机场等传统基础设施作为工业时代的标志性建设，曾发挥了巨大的乘数效应，极大地推动了经济社会的进步。然而，在当下的信息时代，5G 基站、数据中心等新型基础设施正崭露头角，它们所带来的幂数效应日益显著，正逐步成为推动经济社会发展的新引擎。

新型基础设施的建设，并非旨在取代或摒弃传统基础设施，而是旨在通过数字技术的创新应用，对现有基础设施进行全面升级与深度融合。因此，如何充分利用新型基础设施这一重要抓手，为经济高质量发展提供坚实支撑，已成为我们面临的一项紧迫任务。首要之务是坚持系统治理，采取多元化措施，增强基础设施的整合性与协同性，实现科技研发、区域通信、卫星导航等领域的互联互通，提升运营效率和资源利用率。同时，推动数字基础设施建设的可持续发展，要放眼长远，做好数字经济的顶层设计，将数字动能有效渗透到产业链的各个环节，实现生产要素和资源体系的重构。

这种建设方式不仅有助于我们更好地适应信息时代的发展需求，打通经济社会发展的信息"大动脉"，推动经济社会实现跨越式发展，还为我们有效应对新时代带来的新挑战与新机遇提供了有力保障。

在全球范围，当前及未来一段时间内，新型基础设施的建设与发展将迎来至关重要的时期，与此同时，新基建与传统基建的融合发展也将步入加速阶段。对于中国而言，无论是企业运营还是民众日常生活，都已日益依赖于数字基础设施，因此，对新型数字基础设施的需求愈发迫切。为应对这一需求，我们亟须加快新型数字基础设施的建设步伐，以全面推动数字经济的发展，并引领全球数字基础设施建设的新趋势。这不仅关乎国家的长远发展和民众的福祉，更对产业升级、创业就业等方面具有显著的促进作用。因此，我们必须科学规划并提前布局，确保这一重大战略工程能够发挥最大效能，为经济社会的可持续发展注入强劲动力。

3. 根本途径——协同推进数字产业化和产业数字化

在数字化进程中，协同推进数字产业的蓬勃发展与传统产业的数字化转型（即数字产业化和产业数字化）是核心任务，对于确保数字经济的稳健前行具有举足轻重的意义。这一协同策略能够深度挖掘数字经济的巨大潜能，充分发挥其独特优势，进而优化整体经济结构，引领经济迈向更高质量的发展阶段。在此过程中，数字产业需持续创新升级，同时传统产业亦需借助数字化转型增强竞争力，共同推动经济的全面升级与转型。

实体经济作为国际经济体系的基石，不仅关乎国家经济实力，更是国家繁荣稳定的坚强后盾。当前，众多省份在政府引导下，已将发展数字经济作为核心战略。然而，部分地区因数字化和信息化基础薄弱、对数字经济理解不深及追求短期效益等问题，正面临数字经济与实体经济脱节的风险，甚至出现两者相互排斥的现象。这种“脱实向虚”的趋势若不加以有效引导和调控，可能会对国家经济的健康发展构成威胁。

因此，深入探索数字经济与实体经济的融合之道，实现两者的良性互动与协调发展，显得尤为重要。习近平总书记在阐述数字经济与实体经济融合发展的重要性时，特别强调了推动我国三大产业数字化转型的紧迫性。为有效提升三大产业数字经济全要素生产率，推动经济体系向高质量发展迈进，需借助互联网新技术的力量，对传统产业进行全面且深入的革新。通过这种方式，我们可以更加紧密地将数字经济与实体经济相结合，共同构筑我国长期发展的新引擎。

从当前数字经济的发展趋势来看，产业数字化在整体经济中的占比正持续上升，已成为数字经济发展的一个显著标志，并在推动数字经济前行中扮演着主导角色。换言之，产业数字化正逐渐成为推动数字经济发展的关键力量，其占比的不断提升，标志着数字经济正迈向更加成熟、更为高级的阶段。如图 1-1 所示，2022 年我国产业数字化的规模达到了 41 万亿元，同比名义增长了 10. 3%；而数字产业化的规模为 9. 2 万亿元，同比增长了 9. 5%。产业数字化在数字经济中的占比约为 82%。这一数据清晰地展示了产业数字化在我国经济中的领先地位和快速增长态势，进一步证明了产业数字化正成为推动数字经济发展的重要力量，同时也反映了我国数字经济正朝着更加均衡和深入的方向发展。

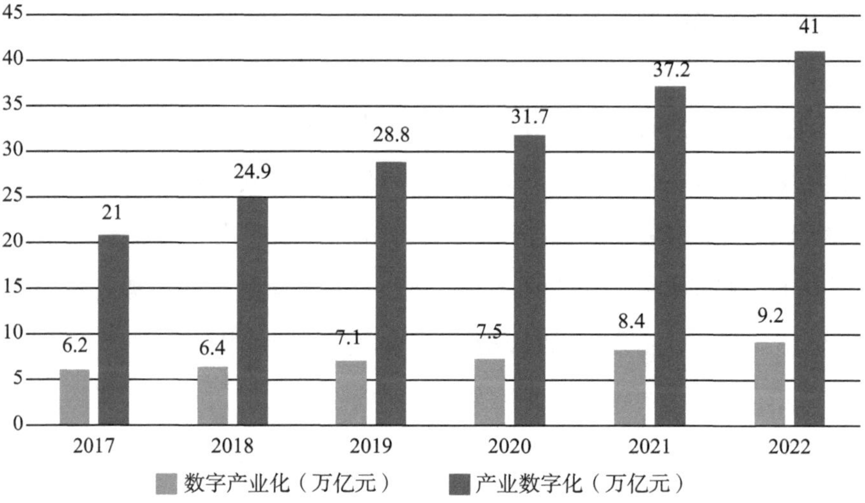

图 1–1　我国数字产业化和产业数字化规模

（数据来源：中国信息通信研究院）

两者的深度融合绝非数字经济与实体经济的简单叠加，而是一种深度交融、相互渗透的过程。在推进数字经济发展的同时，我们必须重视实体经济的转型升级，确保数字经济与实体经济能够相辅相成、携手共进。若数字产业化与产业数字化之间的合作长期失衡，它们之间的有效协同将变得困难重重，甚至可能引发相互制约的负面效应。因此，我们必须深刻认识到协同推进数字产业化和产业数字化转型的紧迫性和重要性，遵循数字经济发展的内在逻辑，精心布局并实施协同发展战略。这要求我们深刻把握数字经济与传统产业之间的内在联系，积极探索通过技术创新和政策引导，推动两者深度融合、协调发展的新路径，从而推动我国经济结构持续优化升级，提升经济发展的质量和效率，为构建新发展格局提供坚实的支撑。

4. 有力保障——完善数字经济治理体系

数字经济，作为一种新兴的经济模式，自诞生以来便展现出强大的增长潜力和活力，其增速持续加快，业务范围不断拓宽，形态也日益多样化。然而，这一新兴经济形态也给国家治理带来了前所未有的挑战，其中，“数字鸿沟”已成为阻碍社会进步的一大难题。面对这一现状，我们不能继续沿用传统的管理理念和手段，而应积极创新数字经济的治理模式，以更好地适应和满足其快速发展的新需求和新挑战。

为了保障数字经济的健康发展，我们不仅要构建和优化数字治理结构，还要不断探索和创新基于先进技术的监管策略。在这一过程中，建立健全触发式监管机制显得尤为重要。该机制能够有效促进社会、公众、行业等多种监管方式的有机结合与协同，形成综合监管模式。这一模式的实施，将极大提升数字经济的透明度和可预测性，维护市场公平竞争，为数字经济的可持续发展奠定坚实基础。

近期，《中华人民共和国个人信息保护法》的出台及实施，标志着互联网经济将在更为完善的法律框架下步入更加稳健与繁荣的发展轨道。这一举措深刻反映了政府在推动数字经济发展模式转型上的坚决态度与行动力，即从“先发展后规范”的传统模式转向“边发展边规范”的新范式。这一转变不仅彰显了政府对数字经济健康发展的深切关注，也体现了在数字化转型的征途中，规范与发展需齐头并进的理念。通过这一系列政策的落地，有望为数字经济的可持续发展铺设稳固基石，为经济社会全面转型升级提供强大助力。

5. 外部环境——深化数字经济国际合作

当前，国际局势错综复杂，叠加百年未有之大变局与地区冲突等，对全球经济的稳定与可持续发展构成了严峻考验。面对这些全球性挑战，国际社会亟须加强协作，共同推动全球开放与发展，以应对当前难题。

当前，数字经济在全球范围内展现出蓬勃发展的势头。然而，受经济发展水平、基础设施建设差异以及大数据等数字技术特性的影响，全球数字治理尚未形成统一标准和整体规划。这一现状加剧了发达国家与发展中国家在数字经济发展上的差距，许多发展中国家面临高科技瓶颈、数据安全保障薄弱以及先进通信设备国际推广受阻等多重挑战，这些挑战限制了它们在数字经济中的发展潜力，进一步扩大了与发达国家的经济鸿沟。

为有效应对和解决上述问题，世界各国需加强深度合作，形成合力，共同攻克难关。在此背景下，我国积极倡导《全球数据安全倡议》，并努力争取加入《数字经济伙伴关系协定》，以推动全球数字治理体系向更加公正合理的方向发展。此外，我国已与16个国家签署了关于“数字丝绸之路”合作的谅解备忘录，加速推进中国—东盟信息港建设项目，并在非洲大陆实施了“万村通”项目，致力于缩小数字鸿沟，推动乡村地区的数字连接。同时，“丝绸电商”倡议的伙伴国家队伍也在不断扩大，展现出日益增长的国际影响力。这些举措充分体现了新时代中国对外开放的姿态，我们积极拓宽和深化与世界各国在数字经济领域的合作，共同把握全球融合的发展机遇，汇聚协同发展的强大力量。中国数字经济的发展始终秉持对话合作、互利共赢的发展理念，为推动全球数字治理体系朝着更加公正合理的方向迈进贡献中国智慧和中国力量。

6. 价值回归——以满足人民的生活需要为基准

（1）以满足人民美好生活需要为根本出发点

数字经济的核心价值在于满足人民日益增长的美好生活需要。借助数字技术和互联网的飞速发展，数字经济不仅极大地提升了生活的便捷性，还显著改善了人们的生活质量，并为人们创造了更多的选择与机遇。

在数字经济的推动下，电商平台让全球商品触手可及，消费者得以享受前所未有的购物便利与商品多样性。同时，数字技术的革新还催生了众多新兴产业与就业机会，为人们提供了更为广阔的就业舞台。此外，数字技术的应用，如智能家居、智能健康监测等，正逐步改变着人们的生活方式，使之更加个性化与便捷，居住环境与健康状况也因此得到了显著改善。

更为重要的是，数字经济在促进社会平等方面也发挥着积极作用。数字技术的普及打破了地域与阶层的界限，使得信息更加平等与透明，为更多人提供了接受优质教育、就业与社会服务的机会。同时，数字经济的发展亦需注重包容性与普惠性，致力于提升弱势群体的数字素养与参与度，确保数字经济的红利能够惠及每一个人。

数字经济以满足人民美好生活需求为初衷，随着数字技术的不断迭代升级，正日益成为保障民生的重要力量。因此，我们应加速提升公共服务的数字化水平，推动数字化服务便民惠民，以满足人民多样化、个性化的需求，让全体人民共享数字经济发展的丰硕成果。

（2）以构建人类命运共同体为最终落脚点

数字经济通过促进信息的无障碍流通、技术的持续创新以及跨境电商的蓬勃发展，有效加深了国家间的合作纽带。它提高了全球互联网的接入水平，促进了贸易的繁荣与市场的扩张，为发展中国家及贫困地区提供了融入全球价值链的宝贵机遇，从而增强了国际的信任与合作，为构建人类命运共同体的宏伟蓝图添砖加瓦。此外，数字经济通过降低信息传递成本、激发消费升级潜力及开拓新兴业务领域，为市场参与者创造了更加公平的竞争环境，推动了社会公正与经济平等的实现。同时，数字经济的可持续发展策略还为环境保护、碳排放控制及资源高效利用提供了创新解决方案，促进了经济、社会与环境的和谐共生。

总而言之，数字经济凭借其强大的连接与赋能特性，为人类命运共同体理念的生根发芽提供了坚实的支撑。在全球化的大潮中，数字技术跨越地理障碍，拉近了人与人、国与国之间的距离，促进了多元文化的深入交流与相互理解，加深了各国人民之间的友谊，为构建基于相互尊重、公平正义及合作共赢原则的新型国际关系奠定了坚实的基础。

（3）以五大发展理念为内在逻辑主线

数字经济，作为一种新兴的经济形态，其核心在于创新要素的集聚与高效整合。创新不仅是数字经济蓬勃发展的强大驱动力，更是其持续繁荣的不竭源泉。以数字技术为引领，数据元素为基础，辅以现代化的信息平台支撑，数字经济天生便蕴含着丰富的创新基因，能够不断催生技术创新、模式创新和组织创新，引领经济社会不断向前发展。而技术创新与要素创新，正是推动数字经济加速奔跑的两大引擎，只有牢牢把握技术创新这一核心，数字经济才能驶入发展的快车道。

数字经济的内在逻辑深深体现了协调发展的理念，它始终强调数字经济与实体经济的深度融合与协同发展。在数字经济发展的征途中，数字产业化与产业数字化的协调发展成为最为关键的议题。这不仅关乎数字技术的创新应用，更关乎经济结构的优化升级与可持续发展。通过推动数字技术与实体经济的深度融合，可以有效提升经济的质量与效益，实现经济的协调发展。同时，数据要素的顺畅流通，更是打破了信息沟通的壁垒，成为促进不同地区、不同行业间协调发展的重要力量。

数字经济所具备的低碳特性，与绿色发展理念不谋而合。数字技术为传统高能耗行业带来了新生，成为实现绿色发展的重要途径。在这一过程中，数据元素的流通属性发挥了关键作用，有效减少了传统生产要素在利用过程中的损耗，展现了绿色、低碳生产的鲜明特色。此外，数字经济与传统能源行业的紧密结合，不仅推动了能源工业在生产、运输等各个环节的智能升级与转型，还为建设智慧能源提供了有力支持，助力能源行业实现低碳发展。

在当今全球化的浪潮中，开放已成为世界发展的普遍趋势。全球电子商务平台的蓬勃发展，正是数字经济通过开放合作促进技术创新与市场拓展的生动例证。例如，阿里巴巴这样的跨国电商平台，跨越地理界线，使全球商家与消费者能够无缝对接，极大地促进了国际贸易的开放与便利，实现了商品与服务的全球自由流通。支付宝提供的跨境支付解决方案，大幅降低了跨境交易的成本与复杂性，为个人与企业开辟了通往全球市场的便捷通道，彰显了数字经济时代金融服务的开放性与高效性。此外，中国（杭州）跨境电子商务综合试验区通过构建数字贸易规则、简化通关流程，进一步推动了国际贸易的透明化与便利化，展现了数字经济对国际贸易开放性的强大推动力。

数字经济植根于网络信息技术的沃土，其显著特征之一就是共享。共享经济模式的兴起，如共享单车，正是数字经济时代共享发展理念在实践中的微观体现。电商平台如淘宝、京东、拼多多等，为小微商家提供了平等展示商品、触达消费者的广阔平台。以往，小型实体店常因地理位置偏远、宣传渠道有限而在与大型零售商的竞争中处于不利地位。而今，只要具备互联网接入条件，商家无论身处何地都能在电商平台上开设店铺，大大降低了经营的成本。同时，美团、饿了么等外卖平台，让消费者能够轻松浏览附近餐厅菜单、参考其他用户评价、比较价格，并一键完成支付。餐厅则无需雇用大量服务员接待顾客、记录订单，只需专注于菜品制作，由平台骑手负责配送。这种模式显著降低了餐饮交易双方的成本，提高了社会资源的利用效率。

“创新、协调、绿色、开放、共享”这五大发展理念，构成了数字经济发展的内在逻辑主线。在建设与发展数字经济时，必须遵循这些理念，以实现绿色低碳、协调可持续的发展，推动数字经济与实体经济的深度融合与协同发展。

（4）以“双碳”目标为协同路径

在新时代的背景下，建设“数字强国”与实施“双碳”（碳达峰、碳中和）战略被确立为国家层面的两大核心战略，这不仅是对当前中国社会经济发展现实的深刻回应，更是对国家长远发展全局性的深思熟虑。数字经济与“双碳”战略之间存在着相互推动、双向赋能、深度交融的紧密关系，构成了数字经济助力“双碳”战略的基本逻辑框架。

“双碳”目标的核心在于推动经济社会发展的低碳化转型。数字经济作为一种利用数字技术和互联网等信息技术驱动经济发展转型的新经济形态，与“双碳”目标之间存在着协同发展的路径。数字经济的发展能够为

“双碳”目标的实现提供有效的解决方案。例如，通过数字技术的应用，可以实现对能源消耗的精准监测与管理，优化能源利用效率，从而减少二氧化碳的排放。此外，数字经济还能促进低碳交通、智能电网、智能城市等可持续发展方案的落地实施。借助数字技术，可以提升交通工具的能源效率，优化能源的使用与分配，推动城市的智能化与绿色发展。

数字经济以“双碳”目标为协同发展的路径，通过数字技术的广泛应用与推动，能够在经济发展与应对气候变化之间构建起良性循环，实现可持续发展的长远目标。展望未来，数字经济与“双碳”战略将成为驱动中国经济发展的双引擎，深刻且持久地影响中国的经济运作模式。这两大主题不仅将引领经济发展的新趋势，更将重塑中国经济的结构与布局，推动中国经济向高效、绿色、可持续的方向稳步迈进。

（二）数字经济发展的紧迫性

我国在数字经济发展方面取得了显著成就，但与此同时，也面临着诸多问题和挑战。与发达国家相比，我们仍存在一些明显的差距，主要体现在以下几个方面：关键领域的创新能力尚显不足，数字经济社会治理体系还有待完善，以及数字经济与实体经济的融合程度相对较低。

1. 关键领域的创新能力不足

在我国数字经济发展进程中，尽管拥有制度、治理及人力资源等多方面优势，但创新能力不足仍是一个亟待解决的问题。自党的十八大以来，我国在数字经济领域取得了显著成就，这得益于“网络强国”“数字中国”等一系列政策的出台与推动。然而，当前我国在数字经济领域的创新能力上仍存在技术短板，这在一定程度上制约了我们在全球竞争中的优势地位。不少企业创新意识薄弱，仍固步自封于传统的经验模式，未能充分认识到数字化转型的重要性与紧迫性，缺乏主动拥抱数字经济的积极性。这不仅限制了企业利用数字技术提升生产效率与市场竞争力的能力，也使其错失了许多宝贵的发展机遇。

数字经济时代需要具备科技创新能力和专业技能的高素质人才。然而，我国在这方面仍面临一定的挑战。一方面，高等教育体系需进一步完善，以更好地培养具有创新精神和实践能力的优秀人才；另一方面，人才流失问题也不容忽视，许多杰出的科技人才选择赴海外发展，这无疑削弱了我国在数字经济领域的创新竞争力。

综上所述，要实现中国特色社会主义新时代的转型发展，提升自主创新能力、增强竞争优势已成为重中之重。唯有如此，我们才能在全球数字经济的浪潮中立于不败之地，推动我国数字经济持续健康发展。

2. 数字经济的社会公共价值有待进一步挖掘和释放

“我国数字经济在快速发展中也出现了一些不健康、不规范的苗头和趋势，这些问题不仅影响数字经济健康发展，而且违反法律法规、对国家经济金融安全构成威胁，必须坚决纠正和治理。”① 这一指示揭示了我国数字经济在社会治理方面虽潜力巨大，但当前在数据使用、开放共享、治理及隐私保护等方面仍面临诸多挑战。

相较于数字经济的蓬勃发展，我国的数字经济制度建设相对滞后，与数字经济的迅猛发展存在明显的不匹配，成为制约其进一步发展的关键因素。此外，“数据孤岛”现象依旧普遍存在，各部门数据库之间缺乏关联性，导致数据资源无法有效共享与利用，限制了“数字红利”的充分释放。

在当前的数字经济发展中，数据的使用效率和深度仍有待提升，开放共享的水平也亟须加强。因此，必须进一步强化数据共享和开放能力，推动数据在公共服务和治理领域的广泛应用。同时，与数字经济的快速发展相比，数据技术和数据元素在公共服务和治理中的应用明显滞后，需要提

---

① 习近平．不断做强做优做大我国数字经济［J］．求是，2022（2）：2

高数据管理服务的质量，加强对数据收集和使用行为的指导，构建更加完善的数据管理体系。此外，我们还需进一步完善私人和公共数据的管理制度，防止因数据过度收集和滥用导致的个人权利受损和隐私泄露等问题，切实保护数据隐私和个人信息安全，减少负面影响。未来的发展应着重加强数字经济监管体系建设，促进数字经济与公共服务的深度融合，使数字经济更好地服务于社会公共价值的全面发展。

3. 数字经济与实体经济的融合程度有待进一步提升

尽管我国数字经济规模已稳居全球第二，但从整体融合程度来看，数字经济与实体经济的结合仍显不足，且发展不均衡。具体而言，我国一、二、三产业在数字经济与实体经济融合方面存在显著的不平衡。一、二产业的融合程度相对较低，且增速明显滞后于第三产业。如图 1-2 所示，第一产业中的数字经济全要素生产率呈现平稳但增幅有限的发展趋势；第二产业则经历了先上升后下降的阶段；而第三产业中的数字经济全要素生产率则实现了快速增长，远超其他两个产业，成为推动数字经济发展的关键力量。一、二、三产业融合程度的不协调，不仅影响了劳动生产率的提升，还限制了数字经济在更广泛领域的应用与发展，进而影响了数字经济与实体经济的整体融合水平。此外，众多中小企业在推进数字化转型时犹豫不决。这些企业在转型过程中面临高昂的成本，同时，中小微企业在试图跨越数字鸿沟时，普遍遭遇了多重挑战，包括转型意愿不足、转型能力欠缺，以及对转型风险的深刻忧虑等。这些相互交织的问题，共同成为中小企业在数字化转型道路上的绊脚石。

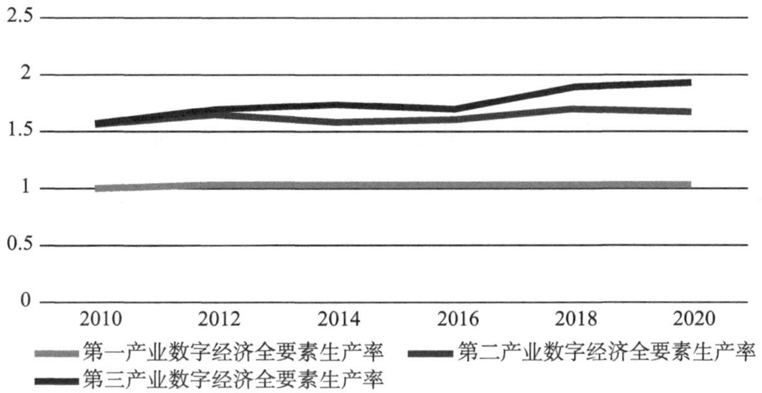

图 1-2　2010—2020 年我国数字经济全要素生产率

（数据来源：中国信息通信研究院。）

根据中国电子技术标准化研究院发布的报告，我们可以清晰地看到 2022 年我国大中小企业在数字化转型各个阶段的分布情况。如图 1-3 所示，高达 79%的中小企业仍处于转型的初步探索阶段，成熟度明显不足；而已经进入行业践行阶段和深度应用阶段的企业，分别仅占 12%和 9%。这一数据直观地反映了当前大多数中小型企业所面临的数字化转型困境，即它们大多仍处于数字化过渡的初级阶段，面临着诸多挑战与机遇，且尚未完全跨越数字鸿沟，缺乏先进的数字化技术和丰富的实践经验支持。

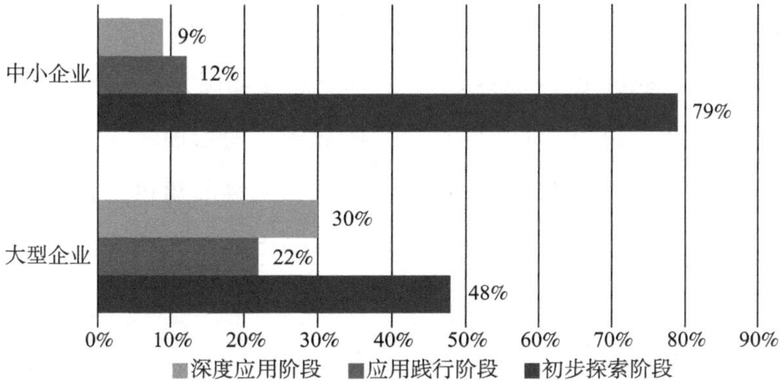

图 1-3　大中小企业数字化转型水平对比

（数据来源：中国信息通信研究院。）

第二节　中小企业数字化转型的时代境遇

一、中小企业在国民经济体系中的战略价值

中小企业在全球经济中占据了不可忽视的地位，作为各国经济增长的重要引擎、创新的源泉和就业的提供者，发挥着至关重要的作用。它们的经济贡献不仅在数量上表现突出，而且在推动技术创新、促进就业、提高市场竞争力和区域经济平衡方面具有独特的优势。

经济贡献度高：尽管单个中小企业的规模较小，但它们的数量庞大，整体上对国家经济的贡献是巨大的。根据世界银行的统计数据，全球中小企业占企业总数的90%以上，贡献了超过50%的GDP和60%~70%的就业机会。在中国，中小企业数量占全国企业总数的95%以上，贡献了以下关键经济指标：50%以上的税收（来源：国家税务总局）、60%以上的GDP（来源：国家统计局）、70%以上的技术创新（来源：科技部）、80%以上的城镇就业（来源：人力资源社会保障部）。这些数据清晰地显示出中小企业在推动国民经济增长和财政收入方面的重要地位。

就业吸纳能力强：中小企业是社会就业的主要渠道之一，尤其在发展中国家和新兴市场经济体中，往往扮演着更为关键的角色。它们为大量劳动力提供了工作机会，尤其是在农村地区和城市的中低收入群体中。国际劳工组织（ILO）的数据显示，全球大约70%的就业机会由中小企业创造，其中以亚洲、非洲等发展中国家为主。在中国，约有80%的城镇就业来自于中小企业（来源：人力资源社会保障部），它们帮助缓解了社会的就业压力，促进了社会稳定和经济的可持续发展。

促进技术创新和多样化：中小企业在技术创新和商业模式的推动中往往扮演着先锋角色。由于中小企业决策链条短、灵活性强，它们能够迅速响应市场需求，开展技术创新和产品研发。根据科技部的数据，70%以上的技术创新成果都来自于中小企业。这些企业在许多行业中通过创新推动了技术进步和市场多样化，带动了新兴产业的发展。例如，在互联网、电子商务、生物医药等领域，许多创新和技术突破都源自于中小企业。

增强市场竞争力：中小企业通过专业化和特色化的服务，在市场中填补了大企业未能覆盖的空白，增强了市场的整体竞争力和交易效率。它们与大企业之间通常不是单纯的竞争关系，而是互补关系。在中国，小微企业的创新性和灵活性让它们能够快速响应市场需求，提供多样化的产品和服务，进而促进了整个市场环境的多元化和竞争力提升。

促进区域经济发展：中小企业不仅推动着国家经济的发展，还在区域经济平衡和地方经济振兴方面发挥着重要作用。特别是在偏远地区和农村，许多中小企业为地方经济提供了就业机会，促进了地方税收的增加，改善了民生。根据国家统计局的数据，约有40%的中小企业集中在二三线城市及农村地区，它们在推动乡村振兴、脱贫攻坚等方面发挥了重要作用，帮助缩小了城乡差距，促进了区域经济的均衡发展。

面临挑战与限制：尽管中小企业在经济发展中发挥着重要作用，但它们仍然面临着诸多挑战。首先，由于规模较小，它们往往缺乏足够的资金和技术支持，这使得它们在市场波动和竞争激烈的环境下容易受到影响。其次，许多中小企业的管理能力、技术水平较低，难以实现快速的技术升级和市场拓展，这限制了它们的长远发展。最后，融资难、市场准入难等问题也是中小企业在成长过程中经常面临的困境。

政府与政策支持：鉴于中小企业对经济的巨大贡献，许多国家政府都采取了政策支持措施，包括提供财政补贴、税收优惠、融资便利、技术创新支持以及市场准入帮助等。这些政策旨在降低中小企业的运营成本，提升其竞争力，帮助它们解决融资难、技术升级等问题，确保它们能够在激烈的市场环境中生存并成长。例如，在中国，政府通过出台一系列针对中小企业的优惠政策，帮助企业降低税负、简化融资程序，并通过设立专项资金和补贴支持企业的技术创新和转型升级。

综上所述，中小企业不仅是各国经济增长的基石，而且在推动社会创新、促进就业、改善民生、提高市场竞争力和促进区域经济发展等方面，扮演着不可或缺的角色。因此，政府和社会各界应该进一步加强对中小企业的支持和扶持，创造有利于它们发展的环境，帮助它们克服困境，持续发挥其在经济特别是民生领域中的重要作用。

二、数字化转型对中小企业可持续发展的核心意义

数字化转型，作为当今商业世界的核心趋势之一，对于中小企业而言，不仅是一种选择，更是一种生存与发展的必然要求。随着信息技术的飞速发展和全球数字化浪潮的不断推进，中小企业面临着前所未有的机遇与挑战。

（一）增强市场竞争力

在数字时代，消费者行为和市场需求的快速变化要求企业能够迅速响应。数字化转型使中小企业能够利用大数据分析、人工智能、云计算等技术，更精准地理解客户需求，优化产品与服务，从而在激烈的市场竞争中脱颖而出。① 例如，通过社交媒体分析，中小企业可以实时监测市场动态和顾客反馈，快速调整营销策略，提高品牌知名度和客户满意度。

① 李辽辽，张亚莉，杨朝君．数字化转型、组织韧性与企业可持续发展——双元学习视角［J］．软科学，2024，38（10）：69-76.

（二）提升运营效率

数字化工具和平台能够极大地提升中小企业的内部管理效率。自动化办公软件、ERP（企业资源规划）系统、CRM（客户关系管理）系统等，能够简化流程、减少人为错误、提升工作效率。云端存储和协作工具促进了远程工作和团队合作，降低了运营成本，增强了企业的灵活性和应变能力。此外，供应链管理的数字化可以实现库存优化、物流跟踪，确保供应链的透明度和效率。

（三）开拓新市场与新业务模式

数字化为中小企业开辟了全新的市场空间和业务模式。电商平台、社交媒体营销、跨境电商等渠道让中小企业的产品和服务能够跨越地理界限，触及全球消费者。同时，通过构建数字平台或参与现有平台经济，中小企业可以探索服务化、订阅制、共享经济等新兴模式，实现收入多元化和增长加速。

（四）创新与差异化

数字化转型为企业创新提供了无限可能。利用AI、物联网、区块链等先进技术，中小企业可以开发出创新产品，提供个性化服务，建立独特的市场定位。① 例如，通过AI算法优化生产流程，实现定制化生产；或利用区块链技术提高供应链的透明度和信任度。这些创新不仅增强了客户体验，也是中小企业在同质化竞争中脱颖而出的关键。

（五）强化决策能力

数据是数字化时代的“新石油”。通过收集和分析来自市场、客户、

---

① 李源，薛玉莲．数字化转型与企业可持续发展［J］．企业经济，2022，41（12）：61-68.

运营等多方面的数据，中小企业能够基于数据驱动做出更加精准和高效的决策。BI（商业智能）工具和数据分析平台帮助企业管理者洞察市场趋势，预测需求变化，合理规划资源配置，避免盲目投资，降低经营风险。

（六）应对不确定性

在全球经济环境日益复杂多变的背景下，数字化转型增强了中小企业的韧性。灵活的数字基础设施使得企业能够迅速调整策略，应对如疫情冲击、供应链中断等突发事件。在线销售、远程办公等数字化手段确保了业务连续性，减轻了外部冲击的影响。

（七）资源整合与合作

数字化平台促进了跨行业、跨地域的合作，中小企业可以通过加入行业联盟、参与开放创新平台等方式，获取技术、资金、市场等资源。数字生态系统内的协同作业，使得中小企业有机会与大企业、研究机构等建立合作关系，共同开发新市场、新技术，实现共赢。

总之，数字化转型对于中小企业而言，是把握未来、实现可持续发展的必经之路。它不仅能够帮助企业提高效率、降低成本，更重要的是，它开启了创新的大门，赋予了中小企业前所未有的市场拓展能力和竞争力。然而，转型过程中也会遇到诸如资金短缺、技术门槛、人才缺口等挑战，因此，政府、行业协会以及社会各界的支持与引导显得尤为重要，应共同营造有利于中小企业数字化转型的良好环境。中小企业应积极拥抱变革，制定合理的转型战略，选择适合自身的数字化路径，以创新驱动发展，把握数字化带来的广阔机遇。

三、数字化转型为中小企业带来的战略优势

随着社会经济的持续演进和新兴科技的迅猛发展，如互联网、电子商

务等新经济形态正深刻改变着全球经济格局。在此背景下，马克思主义基本理论不仅为理解这些变化提供了理论框架，而且在指导我们应对新时代经济挑战中显示出持久的影响力。以下是从三个维度，借助马克思主义理论透彻分析企业数字化转型的战略重要性：技术进步，特别是数字技术的突破为转型铺路；数据作为新兴生产要素在价值创造中的角色凸显转型的必然性；追求超常利润成为企业主动拥抱数字化的核心动机。

（一）数字技术：企业转型的科技支撑

马克思强调社会生产力受多种因素共同作用，并指出科技进步是推动生产方式演变的关键力量。[①] 在数字时代，信息技术的飞跃，尤其是云计算、大数据、人工智能等，不仅极大提升了生产效率，还彻底改变了生产模式。这种技术革新，依据马克思关于技术发展影响资本构成的理论，促使企业通过优化资源配置和人才培育，实现劳动生产率的飞跃。[②] 数字化转型不仅限于技术层面的升级，更引发了企业组织结构的重塑，促进跨界合作与专业分工的深化，构建高效、灵活的生产体系。技术进步，特别是数字技术的应用，成为企业转型升级、增强竞争力的不竭动力。

（二）数据要素与价值分配：转型的内在逻辑

在数字经济时代，数据作为一种新型生产要素，其在价值创造与分配中的地位日益显著。马克思关于商品与资本的理论，为我们理解数据如何从个人活动的副产品转变为具有交换价值的商品，乃至进一步资本化提供了视角。[③] 用户在互联网上的互动产生数据，这些数据经过收集、分析后，

---

① 马克思．资本论：第一卷［M］．北京：人民出版社，2004：421.

② 任颖洁．《资本论》中“技术进步—产业升级”思想与就业路径研究［J/OL］．当代经济研究，2020（5）：1-10.

③ 马克思．资本论：第一卷［M］．北京：人民出版社，2004：362-363.

转化为具有使用价值和交换价值的数据商品，最终参与社会价值的分配。①数据的资本化不仅反映了数字经济的特征，也强调了数据在推动企业转型中的不可或缺性。国家政策对数据作为生产要素的认可，为数据流通和价值实现创造了制度环境，促使企业不得不重视数据的收集、处理与应用，加速数字化转型进程。②

（三）超额利润追求：转型的原动力

马克思的剩余价值理论在数字时代找到了新的诠释。③ 企业通过数字化转型，利用信息技术提升生产效率，减少生产成本，从而在市场中获得竞争优势，实现超额利润。这种对超额利润的追求，本质上是对更高生产效率的追求，是推动企业不断创新、采用新技术的动力源泉。在数字信息经济中，先行者通过数字化转型获得的超额剩余价值，引发行业内其他企业的模仿与竞争，最终推动整个行业的数字化升级。④ 这种动态过程不仅提高了社会整体的生产效率，还促进了经济结构的优化和数字经济的繁荣。

总之，马克思主义基本原理在分析企业数字化转型的战略优势时，揭示了技术进步、数据要素与利润追求这三个核心要素的内在联系。⑤ 技术是转型的物理基础，数据要素的参与重构了价值创造体系，而对超额利润的不懈追求则是企业主动变革的深层动因。⑥ 这一框架不仅解释了当前经济现象，也为未来企业战略规划提供了深刻的理论指导。⑦

---

① 刘璐璐．数字经济时代的数字劳动与数据资本化——以马克思的资本逻辑为线索［J］．东北大学学报（社会科学版），2019，21（4）：404-411.

② 龚晓莺，杨柔．数字经济发展的理论逻辑与现实路径研究［J］．当代经济研究，2021（1）：17-25.

③ 马克思．资本论：第一卷［M］．北京：人民出版社，2004：54.

④ 马克思．资本论：第一卷［M］．北京：人民出版社，2004：651.

⑤ 吴欢，卢黎歌．数字劳动与大数据社会条件下马克思劳动价值论的继承与创新［J］．学术论坛，2016，39（12）：7-11.

⑥ 马克思．资本论：第一卷［M］．北京：人民出版社，2004：60.

⑦ 朱方明，张衔．政治经济学［M］．成都：四川大学出版社，2001：41.

第二章

中小企业数字化转型的理论溯源

在数字化浪潮的推动下，中小企业正面临着前所未有的机遇与挑战。一方面，数字化转型为中小企业提供了提高效率、降低成本、拓展市场的新途径；另一方面，转型过程中所遇到的种种难题也使得许多企业举步维艰。在宏观层面，政策环境、市场环境和技术环境为中小企业数字化转型提供了基础支撑，但企业实践的差异性也显而易见。在微观层面，中小企业在数字化转型过程中面临诸多挑战。数字化转型挑战多，其中成本、竞争环境和技术是主要的障碍。此外，企业对数字化转型认识不清，数字化转型技术储备不足，相关政策有待深化，这些因素都制约了中小企业数字化转型的进程。因此，中小企业要想在数字化转型的道路上取得成功，必须克服这些挑战，找到适合自身发展的转型路径。

第一节　中小企业数字化转型的理论基石

一、数字化转型理论

（一）数字化转型的定义

数字化转型标志着企业组织的根本性重塑，它不仅是技术采纳的过程，更是企业战略与运营全面革新以适应数字经济时代的桥梁。

Karimi 等人在 2015 年的研究中指出，企业通过融合创新的数字技术，不仅追求业务效率的飞跃①，而且力求实现组织结构的现代化、商业模式的创新以及投融资策略的灵活调整，从而在复杂多变的市场生态系统中占据有利位置。他们特别强调，加强与客户、供应商及合作伙伴的数字化互动，是提升企业竞争力的关键途径，这促进了信息的快速流通与价值共创，为企业带来了前所未有的增长动力。

Li 等人在 2018 年的研究中进一步探讨了数字化转型在企业变革中的核心角色。② 他们认为，这一转型过程深刻影响着企业的运营逻辑、业务流程和组织形态，实质上是利用信息技术的杠杆作用，对市场资源进行重新分配和优化配置，推动企业从内部管理到外部市场响应的全方位升级。

陈剑等学者在 2020 年的著作中也表达了相似见解，强调数字技术对商

---

① Karimi, J., & Walter, Z.. The role of digital technologies in business model innovation: A case study of the impact of digital technologies on business model evolution [J]. Journal of Business Research, 2015, 68 (4): 852-860.

② Li, S., Su, C., & Lee, H.. The digital transformation of enterprises: Implications for strategic management [J]. International Journal of Information Management, 2018, (40): 226-235.

业模式和管理实践的深远变革影响。① 他们指出，从产品创新到组织架构设计，再到业务流程的重构，数字技术的应用无处不在，它促使企业重新审视并革新其价值创造和传递方式。

综合以上学者的洞见，数字化转型可被定义为一种综合性的企业进化策略，它通过融合数字技术与创新的商业逻辑，对企业的核心业务流程、产品阵容与服务模式重新进行全面的构思与优化。这一过程深入利用大数据分析、人工智能、物联网、云计算等前沿技术，旨在提升企业运营的效率与效益的同时，开拓新的市场机遇，增强企业的竞争力，提升盈利能力，并确保顾客体验的极致优化。数字化转型的深层价值在于，它使企业能够敏捷响应市场动态，预判并引领行业趋势，构建可持续的竞争优势，从而在数字经济的大潮中乘风破浪，稳健前行。

（二）数字化转型的内涵

1. 数字化转型核心内涵的多维度解析

数字化转型（Digital Transformation，DX）是指企业通过新一代数字技术的应用，驱动企业战略、业务模式、管理和组织架构的全面变革，以实现高效运营、创新驱动和市场竞争力提升。其核心内涵涵盖技术、业务、组织和战略四大维度，下面将对每个维度进行详细解析，并结合相关学者观点进行探讨。

（1）技术维度

①数字化技术的应用

随着云计算、大数据、人工智能、物联网、区块链等新兴数字技术的迅猛发展，企业的数字化转型进入了一个全新的阶段。根据梅尔和格蕾丝

① 陈剑，李伟，张波．数字技术与企业变革：商业模式创新与管理实践［M］．北京：经济管理出版社，2020：112.

（Mell&Grance）（2011）的定义，云计算不仅提供了基础设施的虚拟化管理，还推动了按需计算资源的弹性分配，极大地降低了企业的信息技术成本。① 而大数据和人工智能的结合，使得企业能够从海量数据中提取有价值的信息，并通过智能化的决策支持系统优化业务运营。

数字技术与传统技术的融合创新也成为转型过程中的关键。例如，物联网与人工智能的结合不仅能提升产品的智能化程度，还能使企业通过实时数据反馈进行精细化管理。区块链技术则在保障数据安全和透明度方面提供了强有力的支持，尤其在供应链管理和跨境支付等领域展现出巨大的潜力。②

②数据驱动

数据已逐步成为企业转型过程中的核心生产要素。施瓦布（Schwab，2016）在其《第四次工业革命》中指出，"数据是新型资本，企业需要通过建立强大的数据采集、存储、分析与应用能力，转化为实际价值"。③ 在数字化转型过程中，企业不仅要加强数据的采集能力，更要关注数据分析与智能决策的能力提升，确保数据能够在正确的时间、地点为业务决策提供支持。

企业通过大数据分析，不仅能够准确预测市场需求变化，还可以提升产品和服务的个性化水平，从而提升用户体验。大数据和人工智能的结合，促使决策更加精准、敏捷、智能化。④

③智能化发展

智能化是数字化转型的关键目标之一。基于人工智能和机器学习的算

① Mell，P.，& Grance，T. The NIST definition of cloud computing [M]. National Institute of Standards and Technology Special Publication，2011：800.

② Tapscott，D.，& Tapscott，A.. Blockchain revolution：How the technology behind bitcoin is changing money，business，and the world [M]. Penguin，2016：78.

③ Schwab，K. The Fourth Industrial Revolution [M]. Crown Publishing Group，2016：118.

④ McKinsey & Company. The next normal：The future of work in the digital age [M]. McKinsey Digital，2020：142.

法，企业可以实现从传统人力驱动的决策向自动化、智能化决策的转变。这不仅提高了决策效率，还优化了资源配置。在服务领域，智能化的应用则体现在客服机器人、智能推荐系统和无人驾驶等技术的普及，极大提升了用户体验并降低了运营成本。

（2）业务维度

①业务模式创新

数字化转型不仅仅是技术的应用，更重要的是推动业务模式的根本性创新。目前，传统的以产品为中心的商业模式正向以用户为中心的服务导向转型，平台化、生态化和个性化定制成为新的商业趋势。例如，许多传统零售商通过电商平台与消费者直接互动，转型为平台型企业，实现了“产品”到“服务”的升级转变。① 此外，区块链技术的引入，打破了传统企业间的信任壁垒，促进了基于去中心化、透明化的商业模式创新。企业通过与其他行业及合作伙伴共同建设数字化生态系统，能够实现资源共享、价值共创和协同发展。②

②业务流程优化

数字化转型使得企业业务流程得以数字化、自动化和智能化。通过业务流程管理（BPM）系统和自动化技术，企业能够大幅度提高运营效率，降低运营成本。达文波特（Davenport，2018）指出，数字化使得“流程优化”不仅限于简化流程，更进一步通过数据驱动的方式实现智能化、自动化，促进跨部门协作和快速响应。③ 例如，利用人工智能算法优化生产排程、物流调度、库存管理等环节，企业能够在减少人工干预的同时实现更高效的资源利用。

---

① Porter, M. E. , & Heppelmann, J. E. . How smart, connected products are transforming competition [J]. Harvard Business Review, 2014, 92 (11): 64-88.

② Iansiti, M. , & Lakhani, K. R. . Digital innovation and the dynamics of ecosystems [J]. Harvard Business Review, 2014, 92 (6): 58-66.

③ Davenport, T. H. Process innovation: Reengineering work through information technology [M]. Harvard Business Press, 2018: 154.

③用户体验提升

在数字化转型的过程中，企业不断通过个性化、便捷化和智能化的服务提升用户体验。例如，基于大数据和人工智能技术的智能推荐系统，能够根据用户历史行为和偏好，提供定制化的产品或服务，从而提升用户满意度和忠诚度。[①] 企业的目标不仅是满足用户当前的需求，更是通过洞察用户潜在需求，提供超出期望的体验，推动客户长期关系的建立。

（3）组织维度

①组织结构变革

数字化转型的成功不仅仅取决于技术和业务创新，组织结构的灵活性和适应性同样至关重要。传统的等级化、官僚式的组织架构，往往导致信息流通缓慢、决策迟钝，而数字化时代强调的是扁平化、网络化和柔性化的组织结构。埃德加·沙因（Edgar Schein，2010）提出，企业文化对组织结构的影响是深远的。数字化转型需要通过组织结构变革，促进跨部门协作和快速决策。[②] 例如，许多企业采用敏捷组织架构，鼓励小型自组织团队的快速反应与创新。这种扁平化的结构不仅提升了团队的自主性，还使得企业能够快速响应市场变化。

②人才队伍建设

数字化转型对企业的人才提出了更高的要求。企业需要通过引进和培养数字化人才，提升全员的数字化素养。凯恩等人（Kane et al.，2015）研究发现，数字化转型不仅要求 IT 部门具备高水平的技术能力，更多的是要求企业全体员工，尤其是管理层，具备一定的数字化视野和数据分析能力。[③] 因此，企业需要从招聘、培训、激励等多个方面加大对数字化人才

① Lemon, K. N., & Verhoef, P. C. Understanding customer experience throughout the customer journey [J]. Journal of Marketing, 2016, 80 (6): 69-96.

② Schein, E. H.. Organizational culture and leadership (4th ed.) [M]. Jossey-Bass, 2010: 112.

③ Kane, G. C., Palmer, D., Phillips, A. N., Kiron, D., & Buckley, N. Strategy, not technology, drives digital transformation [J]. MIT Sloan Management Review, 2015, 14 (3): 1-25.

的投入，推动全员的数字化转型。

③企业文化重塑

数字化转型的成功离不开企业文化的支持。创新、开放、包容、敏捷的企业文化是支撑数字化转型的基础。企业需要鼓励员工试错，倡导持续学习和自我更新。施瓦布等人（Schwab et al.，2017）认为，企业文化的转型是数字化转型的核心驱动力之一，能够促进创新思维的传播，并提高组织的适应性和灵活性。①

（4）战略维度

①数字化战略制定

数字化战略的制定是数字化转型的核心。企业应将数字化转型提升到战略高度，明确数字化转型的愿景、目标和路径。巴拉德瓦伊等人（Bharadwaj et al.，2013）指出，数字化战略不仅是技术的选择，更应当与企业的长期发展战略紧密结合，确保数字化技术能够在核心业务中发挥关键作用。②

②生态系统构建

数字化转型不仅是企业内部的变革，更需要与外部合作伙伴共建数字化生态系统。在这个生态系统中，企业、供应商、客户、合作伙伴共同创造价值，推动行业的协同发展。伊安西蒂和拉赫马尼（Iansiti & Lakhani，2014）提出，企业与合作伙伴的紧密合作和资源共享，能够使各方在数字化浪潮中共赢。③

③持续创新

数字化转型不是一蹴而就的过程，而是一个持续创新的过程。企业需

---

① Schwab，K. The Fourth Industrial Revolution［M］. Crown Publishing Group，2016：118.

② Bharadwaj，A.，El Sawy，O. A.，Pavlou，P. A.，& Venkatraman，N. Digital business strategy：Toward a next generation of insights［J］. MIS Quarterly，2013，37（2）：471-482.

③ Iansiti，M.，& Lakhani，K. R.. Digital innovation and the dynamics of ecosystems［J］. Harvard Business Review，2014，92（6）：58-66.

要建立持续的创新机制，推动新的数字化应用场景和商业模式的探索。企业必须不断创新技术、业务模式和组织管理，保持竞争优势。普斯托希娜（Pustokhina，2015）强调，创新是数字化转型的驱动力，只有通过持续的创新，企业才能不断适应市场的变化和需求的变化。①

数字化转型是一个多维度、系统性、长期性的过程，涉及技术、业务、组织和战略等多个方面。企业需要全面系统地思考数字化转型，结合外部环境和内在需求，推动每个维度的深度融合与创新，从而成功实现数字化转型。

2. 数字化转型核心内涵的相互关系

数字化转型不仅仅是单一维度的技术应用，它是一个多维度、复杂的系统性过程。各个维度（技术、业务、组织、战略）之间相互依赖、相互促进，共同构成数字化转型的完整体系。在这一体系中，各维度的作用既是独立的，也是关联的，只有它们有机结合和协同作用，才能真正推动企业的全面转型。以下是对四个维度相互关系的详细解析。

（1）技术维度：基础支撑

技术维度是数字化转型的基础，它为其他三个维度（业务、组织、战略）提供了坚实的技术支撑和发展动力。数字化技术（如云计算、大数据、人工智能、物联网、区块链等）的应用和发展是推动数字化转型的核心力量。没有技术的创新和进步，其他维度的变革就无从谈起。

从技术层面来看，企业通过数字化技术能够提升其数据采集、存储、分析与应用能力，这为业务流程的优化、业务模式的创新，以及战略决策的智能化奠定了基础。例如，云计算不仅帮助企业降低了 IT 成本和基础设施建设的门槛，还为跨部门协作和资源共享提供了灵活性；大数据技术为业务决策提供了数据支持，使得企业能够精准把握市场需求和用户行为；

① Pustokhina, I. Innovation in digital transformation: The concept and perspectives [J]. International Journal of Computer Science and Information Security, 2015, 13 (1): 1-9.

人工智能技术的应用则推动了智能化的运营和服务。

技术维度还为业务、组织和战略维度提供了强大的支持。例如，云技术使得企业能够更加灵活地进行资源配置，从而推动业务模式的创新（如平台化、个性化服务等）。同时，数字化工具和平台可以优化企业的组织架构和流程，促进信息流通和决策的高效性。

（2）业务维度：价值创造的核心

业务维度是数字化转型的核心，它体现了数字化转型带来的直接价值创造。企业的核心竞争力往往体现在业务模式的创新、业务流程的优化以及用户体验的提升上，而这些恰恰是数字化转型的重要表现。

首先，数字化技术推动了业务模式的创新。从传统的产品导向转向服务导向，企业开始提供更为个性化、定制化的产品与服务。例如，互联网平台企业通过大数据分析和智能推荐，能够为用户提供量身定制的服务，从而提升用户的参与度和忠诚度；同时，企业还通过搭建共享经济平台等方式，利用数字技术打破传统的行业边界，构建跨行业的生态系统。

其次，数字化转型带来了业务流程的优化。在信息技术的支持下，企业的各项业务流程变得更加高效化、精细化和智能化。例如，通过人工智能和机器学习算法的引入，企业能够实现生产调度、库存管理、供应链优化等环节的自动化，提升了整体运营效率并降低了成本。此外，数字化还通过大数据分析和实时监控，提高了企业应对市场变化和突发事件的反应速度和灵活性。

最后，数字化转型强调用户体验的提升。企业通过个性化的服务和智能化的互动，使得用户体验成为提升品牌竞争力的重要因素。技术使得企业能够更好地了解用户需求，通过精准的数据分析和创新的产品设计，提升用户的满意度和忠诚度，从而带动企业的长期发展。

（3）组织维度：保障支撑

组织维度是数字化转型的保障，它为技术、业务和战略维度提供了人才、文化和管理结构的支撑。没有适应数字化转型需求的组织结构、人才储备和企业文化，转型将难以成功。

首先，组织结构的变革是数字化转型的重要环节。传统的层级化组织往往缺乏灵活性和响应速度，而数字化转型要求企业建立更加扁平化、灵活化的组织结构。通过将决策权限下放到具体的业务单元，企业可以更快速地响应市场变化。

其次，人才的引进、培养和激励是数字化转型的重要组成部分。数字化技术的应用需要大量具备技术能力的专业人才（如数据科学家、AI工程师、产品经理等）。为了保证转型的顺利进行，企业还需要培养和提升全员的数字化素养，使其具备基本的数字化能力，能够在数字化工作环境中高效协作。此外，企业还需通过激励机制留住核心人才，激发其创新潜力和责任感。

最后，企业文化的重塑是数字化转型的文化保障。数字化转型需要一种创新、开放、包容、敏捷的企业文化。这种文化鼓励员工大胆试错，不断学习和创新。企业要通过文化的转型，打破传统的僵化机制，倡导持续创新和跨部门协作，从而为数字化转型提供持续的动力。

（4）战略维度：引领方向

战略维度是数字化转型的引领力量，它为其他维度提供了方向和路径。数字化转型不是一蹴而就的过程，而是一个需要精心规划和实施的长期战略。战略维度帮助企业明确数字化转型的目标、愿景以及实施路径，并确保各项措施和资源的有效协调。

首先，数字化转型需要在战略层面得到充分重视。企业应当将数字化转型提升至战略高度，制定清晰的转型目标、愿景和路径。数字化转型战略不仅仅是技术层面的决策，它应当与企业的长远发展规划相结合，确保数字化技术能够为企业创造持久的竞争优势。例如，某些传统制造业企业将数字化转型战略与智能制造、工业互联网等前沿技术相结合，推动生产方式的革新，从而保持市场竞争力。

其次，生态系统的构建也是战略维度中的重要内容。数字化转型不仅仅局限于单个企业的变革，它需要跨行业、跨企业的合作与协同。因此，企业需要与合作伙伴共建数字化生态系统，推动产业链上下游的资源共享和协同创新。例如，许多互联网平台通过数据共享，联合多个行业的合作伙伴，共同打造跨行业的数字生态系统。

最后，战略维度要求企业持续创新。企业需要建立持续创新的机制，不断探索新的数字化应用场景和商业模式。通过持续的战略创新，企业可以始终保持在行业变革的前沿，确保在快速变化的市场环境中占据有利地位。

（5）四个维度的相互关系与协同作用

技术、业务、组织和战略四个维度并不是孤立存在的，它们之间存在紧密的相互关系和协同作用。技术维度为业务、组织和战略提供了技术支撑和基础设施，业务维度体现了数字化转型的核心价值创造，组织维度为转型提供了人才、文化和管理保障，而战略维度则为整个转型过程提供了方向和引领。这四个维度相辅相成，彼此支持。例如，技术为业务模式创新和业务流程优化奠定了基础，业务维度则反馈给技术层面，要求技术不断满足新的业务需求；战略维度的指导促使组织结构和人才储备的优化，从而为技术和业务的实施提供保障；而组织文化和人才建设则为战略的执行提供动力和支持。各个维度的紧密结合，确保了数字化转型过程中的平衡与持续推进。

（三）数字化转型的特征

数字化转型不仅是技术的应用，更是深刻的业务、管理和文化变革。它带来了企业运营方式的全面重塑，推动企业从传统的模式向智能化、数据驱动、用户中心的未来发展方向迈进。数字化转型的特征不仅体现于技术层面，更深入到业务流程、组织结构、文化理念以及战略规划的各个方面。以下将从多个维度对数字化转型的特征进行详细解析。

1. 技术驱动性

技术创新是数字化转型的核心推动力，它不仅为企业提供了更高效的工具和方法，也重新定义了业务模型和价值链。数字化转型中的技术应用包括云计算、大数据、人工智能、物联网、区块链等，这些技术相互融合，推动了企业向智能化、自动化、个性化的方向发展。

（1）云计算：作为数字化转型的基础设施，云计算不仅提供了弹性可伸缩的计算资源和存储能力，还通过降低 IT 成本，使得中小型企业也能够享受到大企业级别的技术支持。云计算为数据的存储、处理和共享提供了便捷平台，推动了企业在全球范围内的资源整合与共享。

（2）大数据与 AI：大数据为企业提供了海量的信息来源，通过数据分析，企业能够精准把握市场趋势和用户需求，而人工智能则可以在此基础上进行智能化预测与决策支持，从而提升运营效率和服务质量。AI 的应用不仅体现在自动化决策上，还扩展到了个性化产品推荐、智能客服、无人驾驶等各个领域。

（3）物联网与区块链：物联网技术通过实时收集和传输数据，帮助企业进行更加精细化的管理，特别是在供应链管理和智能制造领域。而区块链则通过去中心化的分布式账本，提供了更加安全、透明的交易环境，尤其在金融、物流和版权保护等行业得到了广泛应用。

2. 数据驱动决策

数据驱动是数字化转型的另一大特征。在传统企业管理模式中，决策往往依赖经验和直觉，而在数字化转型中，数据成为决策的核心依据。企业通过全面采集、处理和分析数据，能够实时监控业务运行状况，预测市场趋势，并基于数据做出更加精准、科学的决策。

（1）精准决策：借助数据分析工具，企业可以从海量数据中提取关键趋势，发现潜在的商业机会或风险。例如，电商平台利用用户的购买历史、浏览习惯等数据，分析消费者偏好，进而推送个性化的广告和产品推荐。这种基于数据的决策不仅提高了运营效率，还能够提升用户满意度。

（2）预测与优化：大数据与机器学习的结合，使得企业能够进行更为精准的市场预测和资源优化。在供应链管理中，通过对需求和库存数据的实时监控和分析，企业能够提前预测产品的需求波动，从而优化生产计划和物流安排，避免库存积压或缺货问题。

3. 用户中心化

数字化转型的另一个重要特征是以用户为中心。在数字化时代，企业的核心竞争力逐渐由产品转向服务，尤其是用户体验。数字化技术使得企业能够通过个性化、定制化的服务，满足用户的多元化需求，从而提升用户满意度和品牌忠诚度。

（1）个性化服务：基于数据的深度分析，企业能够为每个用户提供量身定制的产品或服务。例如，流媒体平台根据用户的观看历史或听歌习惯，提供个性化推荐；而电子商务平台则通过用户浏览行为分析，推送个性化的购物推荐，极大提升了用户的购物体验和满意度。

（2）用户参与与互动：在数字化转型中，企业的产品和服务不仅限于单向的提供，而是鼓励用户参与到产品的设计和服务的改进中。例如，许多软件公司通过开放平台，让用户可以提出改进建议，甚至参与到功能开发中。此外，社交媒体和用户评价系统的引入，使得用户的声音在企业决策中占据重要地位。

（3）无缝体验：数字化转型还促使企业跨渠道、跨设备提供无缝的用户体验。通过云计算和移动互联网的支持，企业能够在PC、手机、平板等不同终端之间提供一致的服务，使得用户可以随时随地与企业互动。例如，许多零售企业提供线上购物与线下提货的无缝对接，提升了用户的便捷性和体验感。

4. 高度自动化与智能化

数字化转型的另一个特征是自动化与智能化的深度融合。随着人工智能、机器学习和机器人流程自动化（Robotic Process Automation，RPA）等技术的发展，企业在多个领域实现了高度的自动化，尤其在生产、物流、客户服务等方面，显著降低了人工成本，提高了效率。

（1）智能化运营：企业通过智能化的系统对业务流程进行自动化处理，从而节省时间和人力资源，提高了整体运营效率。例如，在制造业中，智能工厂通过人工智能、物联网和机器人技术实现了自动化生产、实时监控和精确调度。通过对生产过程的实时数据采集和分析，企业能够做到精准管理，提升产品质量并减少资源浪费。

（2）自动化决策：在数据分析和算法模型的支持下，企业能够通过机器学习和深度学习等方式实现自动化决策。例如，在金融行业，智能投顾平台通过AI算法分析用户的财务状况和投资目标，自动为其推荐最适合的投资组合；在供应链管理中，基于AI的调度系统能够自动调整配送计划，实现更加高效的物流管理。

（3）机器人流程自动化（RPA）：RPA在后台运营中广泛应用，尤其是在财务、HR、客户服务等领域。RPA通过自动化重复性、规则化的工作流程，释放了员工的生产力，让他们能够专注于更具创意和决策性的问题。它的应用大大提高了业务处理的速度和准确性，减少了人为错误。

5. 敏捷性与灵活性

数字化转型使得企业更加敏捷与灵活。在快速变化的市场环境中，企业需要具备快速反应和调整的能力，而这种能力正是数字化转型带来的重要优势。通过云计算、数据分析、人工智能等技术的支持，企业能够实时监控市场变化，迅速调整策略，并加速产品和服务的迭代。

（1）快速响应市场：通过实时的数据采集和分析，企业能够迅速获取市场变化的信息，并做出相应的调整。例如，零售企业可以通过实时监测用户购买行为，动态调整库存和定价策略；而制造业企业则可以通过生产数据分析，调整生产计划，避免生产过剩或短缺。

（2）产品与服务迭代：在数字化转型过程中，企业通过敏捷的开发和部署流程，加速产品和服务的迭代。例如，软件公司采用敏捷开发方法，通过快速交付和用户反馈，不断改进和优化产品。数字化转型使得企业在推出新产品或新服务时，能够更快速地验证市场反应，并进行调整，从而更好地满足客户需求。

6. 持续创新文化

数字化转型的最后一个特征是企业文化的持续创新。数字化转型不仅仅是技术层面的更新，更是企业思维方式和文化理念的重塑。企业需要建立一种支持创新、鼓励试错和持续学习的文化，以适应不断变化的市场和技术环境。

（1）创新驱动：数字化转型使得创新成为企业生存和发展的核心竞争力。企业通过数字化技术推动业务模式的创新，改造传统产业，开辟新的市场。例如，Uber 和 Airbnb 等平台企业通过数字化技术创新了传统的出行和住宿方式，打破了传统行业的边界，创造了全新的商业模式。

（2）失败容忍与学习文化：在数字化转型过程中，企业需要接受创新带来的失败风险。通过营造开放、包容、允许失败的企业文化，企业能够鼓励员工不断创新、尝试新思路，并从失败中汲取经验，不断优化自身的商业模式和技术能力。

二、资源基础观

资源基础观（Resource-Based View，RBV）是一种从资源的角度来分析和理解企业战略与竞争优势的理论框架。根据这一理论，企业的核心竞争力来自于其独特的资源和能力，数字化转型的成功与否往往取决于企业在转型过程中能否充分发挥和整合其资源优势。因此，资源基础观对于理解中小企业在数字化转型过程中的挑战和机遇具有重要意义。

（一）中小企业资源禀赋对数字化转型的影响

中小企业在数字化转型过程中，面临的一个显著挑战是其资源禀赋的限制。与大型企业相比，中小企业通常在财务、技术、人才等方面存在明显劣势，这直接影响了其数字化转型的速度和效果。然而，资源基础观提供了一种视角，强调即使在资源有限的情况下，中小企业也可以通过资源的独特组合和能力的培养来克服转型中的障碍。

1. 财务资源的制约

财务资源是数字化转型中的关键因素之一。对于许多中小企业来说，有限的资金使其在技术引进、平台建设和人才培养等方面面临较大的压力。由于中小企业缺乏足够的资金支持，很多转型项目可能面临预算不足的困境，这也可能导致转型进程缓慢。

影响分析：缺乏足够的资金可能导致中小企业只能选择部分技术应用，而不能进行全面的数字化投资。这会限制企业在转型过程中对新兴技术的探索和应用，从而影响其市场竞争力。

2. 技术资源的不足

技术资源是数字化转型中必不可少的支撑。大部分中小企业在技术基础设施方面较为薄弱，缺乏足够的 IT 设备、数字平台以及云计算、大数据、人工智能等技术支持。这使得它们在数字化转型时可能面临技术瓶颈。

影响分析：技术资源的匮乏不仅会影响中小企业的数字化转型进程，还可能导致其无法顺利实现智能化、自动化的目标。对于中小企业而言，技术引进和技术创新可能需要较长时间的积累，而短期内无法实现技术自我突破，成为数字化转型的瓶颈。

3. 人力资源的短缺

人力资源，尤其是具备数字化技能的专业人才，是数字化转型成功的关键。然而，许多中小企业面临着数字化人才匮乏的问题。由于数字化转型需要一定的技术知识和管理经验，这要求企业能够吸引和培养具备相应能力的员工。

影响分析：人才短缺使得中小企业在推动转型时常常难以充分发挥数字化技术的潜力。企业可能会面临培训成本高、技术更新慢以及员工数字化素养不高等问题，这些因素都会影响转型的效率和效果。

4. 企业文化与组织能力

尽管资源有限，但中小企业往往具备灵活的组织结构和较强的适应能力。资源基础观强调，组织的能力和文化是企业资源的一部分，能够在资源约束下发挥关键作用。中小企业通常具有较为灵活的组织结构，决策速度较快，能够更快地响应市场和技术变化，从而在数字化转型过程中可能更具适应性。

影响分析：企业文化中对创新和风险接受的态度，以及在快速变化环境中灵活调整战略的能力，能成为中小企业在数字化转型中的优势。尽管资源有限，但中小企业可以通过快速决策和灵活调整策略，快速适应数字化转型的需求。

（二）数字化转型过程中资源整合与能力构建

在数字化转型过程中，资源整合与能力构建是企业实现转型目标的关键。资源基础观认为，企业的竞争优势来自于其独特的资源和能力，数字化转型不仅仅是技术的引入，还涉及到资源的整合和能力的构建，尤其是在多样化资源和复杂的技术环境中，企业如何有效整合和利用这些资源，将直接影响转型的成效。

1. 资源整合的关键因素

数字化转型需要企业具备将不同资源进行有效整合的能力，这包括技术、资金、人才和信息等资源的协调配合。在这个过程中，资源整合的核心是通过内外部资源的协同合作，形成互补的优势。

技术整合：企业可以通过采用开放平台、云计算、大数据等技术，整合内外部的信息和技术资源。例如，中小企业可以通过与云服务商合作，降低基础设施建设的成本，通过外部技术支持实现系统集成，达到资源的优化配置。

资金整合：中小企业可以通过融资、合作、投资等方式获得所需的资金支持。此外，企业还可以通过政府补贴、产业基金等途径进行资源整合，从而降低数字化转型的财务压力。

合作整合：与外部合作伙伴（如技术供应商、研发机构）建立长期合作关系，通过共享技术、市场和客户资源，提升转型的效果。例如，许多中小企业选择与技术公司合作来引进先进的数字化解决方案，加速转型进程。

2. 能力构建的核心任务

数字化转型不仅仅依赖于资源的整合，还需要企业在技术、管理和组织能力等方面进行建设和提升。

技术能力构建：中小企业可以通过与外部合作、人才引进与培训等方式，提升企业内部的技术能力。此外，企业还可以通过建立数字化平台、采纳前沿技术（如人工智能、物联网、区块链等）手段，加强技术能力的构建。

创新能力构建：在数字化转型过程中，企业需要具备快速适应新技术和市场需求的创新能力。中小企业可以通过鼓励创新、建立开放的创新平台，培养员工的创造能力与协作能力，推动产品、服务和业务模式的创新。

组织能力构建：数字化转型往往需要在组织结构、管理模式、决策流程等方面进行变革。中小企业可以通过扁平化管理、跨部门协作等手段，提升组织的灵活性和响应速度，增强企业在复杂多变环境中的适应能力。

3. 资源基础的竞争优势

根据资源基础观，企业的竞争优势来源于其独特的资源和能力。对于中小企业而言，通过整合内外部资源、构建核心能力等方式，不仅能够突破资源限制，还能够形成可持续的竞争优势。

独特资源的利用：中小企业可以通过深度挖掘和利用自身独特的资源（如专有技术、客户关系、市场定位等），形成差异化的竞争优势。例如，一些中小企业通过创新的产品和服务赢得市场青睐，并通过客户忠诚度的提升，进一步增强市场地位。

动态能力的建设：随着市场环境和技术的快速变化，中小企业需要具备灵活调整资源配置、快速响应市场需求的动态能力。通过持续的学习与创新，中小企业可以提升其应对复杂环境和不确定性的能力，从而保持长期的竞争优势。

在数字化转型过程中，中小企业面临着资源禀赋不足的挑战，但通过有效的资源整合和能力构建，仍然能够破解这一难题，实现成功转型。资源基础观为我们提供了一个重要的视角，强调企业在数字化转型中需注重资源的独特性、可持续性和能力的建设。通过灵活的资源整合与持续的能力提升，中小企业能够在竞争中脱颖而出，建立起持续的竞争优势。

三、动态能力理论

动态能力理论（Dynamic Capabilities Theory）是由大卫·泰斯（David

Teece）等学者提出的，它强调企业在快速变化的环境中，通过整合、重构和重新配置资源来持续获取竞争优势。① 随着市场环境和技术的迅速变化，企业的静态资源往往不足以支持持续竞争，因此动态能力的构建和提升成为企业在复杂和动态环境中成功的关键。尤其是在数字化转型的背景下，动态能力的培养和优化对中小企业至关重要，能够帮助企业在转型过程中应对不确定性和市场变革。

（一）数字化转型对中小企业动态能力的要求

在数字化转型过程中，中小企业面临着多方面的挑战，包括技术的快速发展、市场需求的变化、竞争对手的创新等。为了在这种复杂且动态的环境中生存和发展，中小企业必须具备足够的动态能力，以适应外部变化、快速响应市场需求，并进行资源的优化配置。具体而言，数字化转型对中小企业动态能力的要求主要体现在以下几个方面。

1. 快速感知市场和技术变化的能力

数字化转型要求中小企业能够快速识别和感知市场和技术的变化，及时把握数字化时代带来的机会和挑战。企业需要具备敏锐的市场洞察力，能够识别行业趋势、技术创新、客户需求变化等方面的信号。这一感知能力不仅包括对外部市场的了解，还涉及对技术发展趋势的预判和对行业竞争格局的判断。

要求分析：中小企业通常面临资源限制，因此在快速变化的市场中，如何获取准确的信息并迅速做出反应，成为企业数字化转型成功的关键。若企业不能及时察觉到新兴技术带来的变化，可能会错失转型的良机，从而导致竞争力下降。

---

① Teece, D. J., Pisano, G., & Shuen, A.. Dynamic capabilities and strategic management [J]. Strategic Management Journal, 1997, 18 (7): 509-533.

2. 资源整合与重新配置的能力

数字化转型不仅仅是引入新技术，还需要企业能够整合和重新配置现有资源。中小企业必须具备整合跨部门资源、技术、知识和人才的能力，以便在转型过程中迅速适应技术变革。同时，企业还需要重构组织流程，重新配置资源，以实现转型目标。

要求分析：中小企业通常资源有限，但通过高效的资源整合，能够在技术、资金、人才等方面克服困难，实现转型。通过有效的资源配置，企业能够在转型过程中优化其生产、运营和服务体系。

3. 快速决策和实施的能力

数字化转型要求企业具备快速决策和实施的能力。在高度不确定和快速变化的环境中，企业需要迅速评估并做出决策，不断调整战略和业务模式。中小企业在这一过程中，若能够培养快速反应、灵活调整的能力，就能够在转型过程中抓住市场机会。

要求分析：中小企业相比大型企业，决策层级较少，通常在响应市场变化时更为灵活。敏捷决策能力使企业能够在数字化转型过程中灵活调整战略，优化业务流程和客户体验，快速适应市场需求。

4. 持续创新的能力

创新是数字化转型的核心动力。中小企业需要在数字化转型过程中具备持续创新的能力，不断开发新产品、新服务以及新的业务模式。企业必须在技术创新、产品创新和商业模式创新方面持续投入，确保企业能够在竞争激烈的环境中保持竞争优势。

要求分析：数字化转型涉及业务模式、产品和服务的全面创新。中小企业必须不断通过数字化技术驱动创新，推动服务的智能化、自动化，提升产品和服务的附加值，从而提高市场竞争力。

（二）数字化转型过程中动态能力的演化与提升

在数字化转型过程中，中小企业的动态能力并非一蹴而就，而是一个逐步演化和提升的过程。企业需要通过不断积累经验、优化技术、整合资源以及培养文化，逐步提升其在复杂环境中的应对能力和竞争优势。具体来说，数字化转型中的动态能力演化与提升可分为以下几个阶段。

1. 初始阶段：感知能力的建立

在数字化转型的初始阶段，中小企业需要建立对外部环境变化的感知能力，包括对市场需求、技术变革、行业趋势等的敏感性。企业通过市场调研、数据分析、行业对标等手段，逐步获得对变化趋势的认知。

能力演化：这一阶段，企业的主要任务是提高对数字化技术及其潜在应用的认知，并建立起对未来变革的前瞻性思维。中小企业可以通过学习和模仿领先企业的成功经验，逐步完善自己的市场感知和技术捕捉能力。

2. 中期阶段：资源整合与协调能力的提升

进入数字化转型的中期阶段后，中小企业需要加强资源的整合和协调能力。这不仅仅是技术的整合，还包括对组织结构、人才配置、业务流程等方面的整合。企业需要优化资源配置，确保关键资源能够被高效地使用，并能够为转型提供有力的支持。

能力演化：在这一阶段，企业通常已经完成了初步的数字化技术引入，如云计算、大数据分析、人工智能等，并开始注重这些技术的深度应用。在这一过程中，企业不断调整其资源配置和运营流程，以提高数字化转型的效果。

3. 高级阶段：持续创新与敏捷响应能力的提升

在数字化转型的高级阶段，企业不仅仅是整合资源，而且更加注重如何在变革中持续创新，并能够迅速响应市场和技术变化。此时，中小企业的核心能力已从单纯的技术引进转变为敏捷创新与持续优化的能力，企业的各个部门和团队之间的协作也更加高效。

能力演化：企业在这一阶段开始通过创新的产品、服务和商业模式来构建差异化竞争优势。例如，企业可以通过引入智能制造、精准营销等先进技术，实现更加高效的运营管理，并通过数据分析推动创新的服务和产品定制。

4. 成熟阶段：形成动态能力的内生机制

在转型的成熟阶段，中小企业应当形成内生的动态能力机制，即企业的所有成员和部门都具备应对变化的敏捷性和创新能力。企业不仅能够在快速变化的环境中找到机会，还能通过持续的学习与优化保持竞争优势。

能力演化：成熟企业通常在企业文化中融入创新与敏捷的理念，推动团队不断学习和反思。在这一阶段，企业的动态能力不再依赖于单一的创新或决策，而是内化为企业的核心竞争力，使其能够持续在激烈的竞争中保持领先。

数字化转型对中小企业来说既是挑战也是机遇。通过动态能力的提升，中小企业能够有效应对快速变化的市场和技术环境，抓住数字化转型带来的新机遇。从感知能力的建立到资源整合与协调，再到持续创新与敏捷响应能力的增强，中小企业可以在各个阶段不断演化和提升其动态能力，最终形成可以持续支撑企业长期竞争优势的内生机制。

四、创新理论

创新理论在现代企业管理中占据重要地位，特别是在数字化转型的背景下，企业如何通过技术创新、商业模式创新和组织变革等手段获得竞争优势，是学者和企业界普遍关注的焦点。创新不仅包括技术的发明和应用，也包括商业模式和组织管理的转型与创新。在数字化转型过程中，中小企业面临着市场需求、技术演进和竞争压力等多重挑战，因此，它们必须通过创新来实现转型，提升自身的核心竞争力。

（一）数字化转型与中小企业技术创新的关系

数字化转型与技术创新之间具有密切的互动关系。技术创新是数字化转型的驱动力之一，而数字化转型则为技术创新提供了更广阔的应用场景和实践平台。对于中小企业而言，技术创新不仅是实现数字化转型的必要条件，也是提升市场竞争力、扩展业务边界的重要手段。

1. 技术创新作为数字化转型的驱动力

数字化转型离不开技术创新的推动。尤其在中小企业的转型过程中，信息技术、人工智能、大数据、云计算等新兴技术的引入和应用，能够有效推动企业的产品、服务和业务模式的创新。通过技术创新，中小企业能够实现智能化生产、精准营销、产品定制化等业务提升，并快速响应市场需求。例如，中小企业可以通过引入云计算平台，降低技术设施的投入成本，同时利用大数据分析技术挖掘潜在客户需求，从而提高市场响应速度和客户满意度。技术创新为中小企业提供了数字化转型的必要条件，它使得企业在转型过程中能够增强对外部市场变化的适应性。

2. 数字化转型加速技术创新的步伐

数字化转型不仅仅依赖于技术创新，转型过程也能够加速技术创新的步伐。随着数字技术的不断更新与应用，中小企业可以通过探索新技术的应用场景，推动技术的进一步创新和迭代。例如，一些中小企业通过应用人工智能技术改善产品的生产过程，提升生产效率和质量，进而推动企业的技术创新。而通过数字化转型过程中获得的大量数据和信息，中小企业还能够优化技术研发方向，找到新的技术突破点，进一步提升其技术创新能力。

3. 技术创新与企业竞争力的提升

技术创新能够增强中小企业在数字化转型过程中的竞争力。对于大部分中小企业来说，如何通过技术创新保持产品和服务的差异化优势，提升市场份额，是数字化转型过程中需要面对的核心问题。企业如果能够借助创新技术打破行业瓶颈，提升生产效率和产品质量，就能够在激烈的市场竞争中脱颖而出。例如，某些中小企业通过数字化转型，引入基于人工智能的产品推荐系统，提供个性化的服务，从而提升客户体验。这种技术创新不仅能提高客户的忠诚度和满意度，也为企业创造了竞争优势。

4. 技术创新的挑战与中小企业的应对策略

尽管技术创新能够为中小企业带来巨大的发展机会，但在技术研发过程中，企业也面临着资金、人才、技术积累等多重挑战。中小企业往往缺乏足够的资金支持和技术储备，因此在技术创新方面的投入有限。为克服这一挑战，中小企业可以通过加强与外部合作伙伴的合作，借助开放创新平台，提升技术创新能力。此外，中小企业还可以通过引进高素质的技术人才，开展技术研发合作，形成技术创新的合力。

（二）数字化转型过程中商业模式创新与组织变革

数字化转型不仅仅依赖于技术创新，还涉及到商业模式的创新和组织结构的变革。商业模式创新和组织变革在数字化转型中发挥着至关重要的作用，是企业实现长期可持续发展和竞争优势的重要来源。

1. 商业模式创新的核心要素

商业模式创新是指企业通过改变其产品、服务、市场定位、定价策略等方面的方式，创造出新的商业机会。数字化转型为企业提供了创新商业模式的机会，尤其是在信息技术快速发展的今天，企业可以通过数字技术重塑传统的业务流程、客户体验和价值创造方式。中小企业可以通过平台化和生态化的商业模式创新来扩大其市场份额。通过建立数字化平台，企业可以连接客户、合作伙伴、供应商等各方资源，实现资源共享和价值共创。例如，一些中小企业通过开发在线平台，为客户提供个性化定制服务，改变了传统的销售和服务模式，极大提高了客户的黏性。

2. 数字化转型驱动的商业模式创新

数字化转型推动了企业向平台化、网络化、个性化等新型商业模式转型。数字化技术的应用使得中小企业能够以低成本、高效率的方式接触到更广泛的客户群体，同时也能够通过大数据分析优化产品和服务的定制，形成与客户深度互动的闭环。以电商平台为例，传统的零售模式正在向电商平台模式转型。中小企业通过利用电商平台，可以实现快速的市场拓展和用户积累，改变传统的商业模式。此外，一些中小企业还通过建立自己的服务平台，将原本单一的产品销售模式转变为综合的产品、服务与数据增值模式，实现商业模式的创新。

3. 组织变革的需求

数字化转型还伴随着组织结构和文化的变革。中小企业在数字化转型过程中，需要调整组织结构、管理模式以及运营流程，以更好地适应数字化环境下的业务需求。扁平化、网络化和灵活性的组织结构有助于企业提高响应市场变化的速度和效率。中小企业可以通过推行扁平化管理，减少决策层级，提高组织的响应速度。同时，在组织变革过程中，企业还需注重提升跨部门的协作能力，强化创新型团队的建设，以更好地适应快速变化的数字化环境。

4. 数字化转型中的企业文化转型

企业文化是推动组织变革和商业模式创新的内在动力。数字化转型过程中，中小企业需要培育以创新、敏捷、包容和合作为核心的企业文化，鼓励员工不断尝试新技术、新业务，快速响应市场需求。中小企业在组织变革过程中，可能会面临传统文化与新文化之间的冲突。因此，企业需要通过培训、沟通、激励等手段，加强员工对数字化转型的理解和支持，培养适应数字化转型的新型人才队伍。

5. 持续创新与灵活变革的能力建设

商业模式创新和组织变革的持续推进要求中小企业具备持续创新的能力。企业应当通过建立持续创新的机制，持续优化产品、服务、管理和技术，并与外部创新生态系统合作，形成互利共赢的局面。中小企业可以通过不断吸纳新技术、更新商业模式和完善组织结构，推动创新和变革的良性循环，从而确保在数字化转型中保持持续的竞争优势。

数字化转型对中小企业提出了商业模式创新和组织变革的双重挑战。在此过程中，技术创新、商业模式创新和组织变革相互交织，共同推动中小企业向数字化方向发展。通过整合资源、提升灵活性和创新能力，中小企业不仅能够顺利完成数字化转型，还能够在竞争激烈的市场中获得持续的竞争优势。

第二节　中小企业数字化转型悖论的理论分析

在当今信息化和智能化的时代，数字化转型被广泛视为企业提升竞争力、实现可持续发展的关键路径。尤其对于中小企业而言，数字化转型不仅是生存的需要，更是提升市场竞争力、增强创新能力的必由之路。然而，在实际的转型过程中，许多中小企业面临着一系列的矛盾和困境，尽管它们意识到数字化转型的重要性，但在实施过程中屡屡受阻，甚至陷入“转型困境”。这一现象被称为“数字化转型悖论”。①

① 李雪灵，刘源．制造业数字化转型的悖论治理——基于我国“灯塔工厂”企业的案例研究［J］．研究与发展管理，2023，35（6）：1-18.

一、中小企业数字化转型悖论的核心表现

1. 转型需求迫切与能力不足的矛盾

数字化转型已成为中小企业提升竞争力的迫切需求，技术的应用对企业生存和发展的影响更加深远。许多中小企业深知，如果不进行数字化转型，将很难在竞争激烈的市场中立足。然而，现实情况是中小企业普遍面临资金、技术和人才等方面的制约，使其在转型过程中缺乏足够的能力来推动这一进程。例如，数字化技术的投入成本较高，尤其是大规模的技术设备采购、云计算平台建设、软件开发与维护等方面的费用，对于资金储备有限的中小企业来说，这些投入往往是巨大的负担。此外，数字化转型往往需要专业的人才支持，而中小企业在人才引进、培训和留存方面存在较大的挑战。缺乏足够的技术积累和专业人才使得很多中小企业无法成功转型，导致其难以把握市场竞争的先机。

2. 短期成本压力与长期收益不确定的矛盾

数字化转型通常需要大量的前期投入，包括硬件设施、软件系统、员工培训以及外部咨询等，这些投入常常是一次性的巨大支出。然而，数字化转型的收益通常具有滞后性，不仅在短期内难以体现，且有时难以量化。这就导致了中小企业在转型过程中面临巨大的财务压力，特别是在经济不确定性较高的环境下，许多中小企业对转型的长期效益表示担忧。尽管许多数字化技术的应用可以带来效益，如提升生产效率、减少人工成本、增强市场洞察力等，但这些效益往往需要时间才能显现。特别是在资金紧张、现金流压力大的情况下，中小企业几乎难以承担如此巨大的投资，而转型过程中产生的短期财务压力使得它们对转型持观望态度，或仅仅进行表面化的尝试，无法深入实施，进而陷入“观望”或“半途而废”的局面。

3. 技术工具丰富与适用性不足的矛盾

随着数字化技术的发展，市场上涌现出了大量的数字化工具和解决方案，包括ERP系统、云计算、大数据分析、人工智能等。然而，这些技术和工具许多都是为大型企业量身定制的，并没有完全契合中小企业的需求。中小企业面临的最大困境之一就是技术选择的困难。虽然市场上有大量的解决方案，但它们往往过于复杂或价格高昂，且并不完全适用于中小企业的实际需求和资源状况。此外，中小企业在选择技术工具时，容易陷入"技术陷阱"，即过度追求最新、最先进的技术，而忽视了自身的业务需求和实施能力。这种盲目跟风的做法不仅会导致资金浪费，还可能因为不切实际的技术选型带来实施上的失败。因此，中小企业在数字化转型过程中，需要更加关注技术的适配性和实际可操作性，而不是单纯追求技术的先进性。

4. 组织变革需求与传统惯性的矛盾

数字化转型不仅仅是技术升级，更是一场深刻的组织变革。它要求企业在业务流程、管理架构、组织文化等方面进行根本性调整。① 然而，中小企业的组织结构通常较为简单，管理模式较为传统，缺乏足够的灵活性和创新能力。这种传统的管理方式和工作惯性使得企业在推动数字化转型时遇到了巨大障碍。例如，许多中小企业仍然依赖于手工操作和传统的业务流程，员工的技术应用能力相对较低，管理层对数字化转型的认知有限。更重要的是，数字化转型常常需要改变企业的组织文化，推动信息共享、协作和创新，这对于习惯了传统业务流程和管理方式的中小企业而言是一个巨大的挑战。由于缺乏强有力的领导能力和变革管理能力，中小企业往往难以顺利实现组织架构和管理流程的变革，导致数字化转型进程缓

① 王旭，张晓宁，牛月微．"数据驱动"与"能力诅咒"：绿色创新战略升级导向下企业数字化转型的战略悖论［J］．研究与发展管理，2022，34（4）：51-65.

慢甚至失败。

中小企业数字化转型悖论，实际上体现了企业在转型过程中面临的资源和现实条件之间的矛盾。虽然数字化转型无疑对企业的长期竞争力至关重要，但中小企业在实施过程中常常遭遇资金、技术、人才等方面的限制，导致其无法顺利推进。为了解决这一悖论，政府和社会各界应当给予中小企业更多的支持，包括政策扶持、技术指导、资金补贴等。此外，中小企业自身也应当更加注重转型过程中的可行性和适配性，避免盲目跟风，选择适合自己的数字化转型路径，从而在激烈的市场竞争中稳步前行。

二、中小企业数字化转型悖论的根源

中小企业在数字化转型过程中面临的“数字化转型悖论”并非偶然，而是由多重深层次因素所共同作用的结果。其根源可以从以下几个方面进行深入分析。

1. 资源约束：资金、技术与人才的短缺

数字化转型对于企业而言不仅仅是一项技术更新，更是企业的战略性变革，涉及到硬件设施、软件系统、数据管理、员工培训等多个方面的投入。中小企业面临的最大问题通常是资源约束，这直接制约了它们实施全面数字化转型的能力。

资金缺乏：中小企业普遍资金储备有限，尤其是在经济波动或市场环境不稳定的情况下，许多企业的现金流状况较为紧张。在这种情况下，大规模的数字化技术投入显得尤为困难。数字化转型通常需要进行设备采购、软件系统升级、基础设施建设等，而这些投资的回报周期较长，可能需要数年时间才能收回成本。因此，许多中小企业无法承担这一长期且高额的投资，导致其在转型过程中处于停滞状态。

技术能力的缺乏：数字化转型的实施不仅需要硬件设备的更新，更需要技术的支持与维护。对于许多中小企业而言，其内部缺乏足够的技术团队，特别是针对新兴技术如人工智能、大数据、云计算等领域的专业人员。因此，中小企业往往难以自主研发或全面整合数字化技术，导致其技术能力的短板进一步加剧。

人才短缺：数字化转型不仅是硬件和软件的更新，更需要高技能的人才进行执行。然而，中小企业在人才招聘、培养和留存方面的能力相对较弱。高端技术人才和管理人才的流失以及对数字化转型的认知不足，使得企业在实施过程中缺乏执行力。即使聘请了外部技术服务商，其高昂的费用和管理上的复杂性也让很多中小企业望而却步。

由于资金、技术和人才的短缺，许多中小企业在数字化转型的道路上处于被动和困境之中，难以实现持续的技术创新和系统升级，从而加剧了转型过程中的“悖论”现象。

2. 战略缺失：转型方向不明确，实施路径不清晰

尽管许多中小企业意识到数字化转型的重要性，但不少企业在战略规划和实施过程中缺乏清晰的方向和可操作的路径，这成为其数字化转型难以成功的根本原因之一。

全局视野缺乏：很多中小企业的领导层往往过于专注于日常经营管理，而忽视了对数字化转型的长远规划。他们往往在短期效益的驱动下作出决策，缺乏从全局角度出发的战略性思维。这样的短视思维导致数字化转型成为企业一项零散且孤立的举措，缺乏统一协调的战略部署，无法形成真正的转型效益。

转型目标不明确：缺乏明确的转型目标和战略，意味着企业在实施数字化转型过程中往往会陷入“头重脚轻”的局面。企业并未对转型后的“成功”设定清晰的定义和标准，因此在具体实施过程中缺乏评估和反馈机制，难以根据市场变化及时调整战略和执行路径。致使企业的数字化投资往往变得“无的放矢”，不仅没有有效推动企业整体运营效率的提升，

反而增加了不必要的投入和风险。

实施路径的模糊：数字化转型不是一次性的，而是一个长期、持续的过程，涉及到技术、人员、流程、文化等多个方面的逐步改变。许多中小企业在实施数字化转型时，没有明确的时间表、步骤和关键节点，导致在转型的过程中频繁变动方向，反复试错，无法稳步推进。特别是在技术选择、外部合作伙伴的选择、人才培训等方面的决策不够科学和系统时，往往陷入试探性的“盲目”状态。

因此，缺乏清晰的战略和实施路径，使得中小企业的数字化转型充满了不确定性和随机性，无法形成系统性的变革，最终导致转型的效果远低于预期，甚至无法达成预定目标。

3. 生态支持不足：外部环境和资源的缺失

数字化转型对于中小企业而言，不仅是对内部资源和能力的挑战，也与外部生态系统的支持密切相关。对于中小企业来说，政府政策、行业平台、技术服务商等外部支持的缺失或不完善，也使得它们在数字化转型中面临额外的困难。

政策支持不足：尽管许多国家和地区认识到中小企业在经济中的重要性，并出台了一些支持中小企业发展的政策，但在数字化转型方面，相关政策支持仍显不足。① 一方面，政府的数字化转型政策往往侧重于大型企业或特定领域的企业，缺乏对中小企业普遍性支持的系统设计；另一方面，政策落实层面还存在一定的滞后性，许多中小企业并未享受到应有的政策优惠和资金扶持，导致其在实施数字化转型时缺乏外部激励和保障。

平台和服务商的局限性：数字化转型需要依赖技术服务商和相关平台的支持，但当前市场上很多数字化工具和服务仍然针对大型企业的需求，而中小企业往往难以找到符合自己需求的技术解决方案。对于那些希望进

① 马赛，李晨溪．基于悖论管理视角的老字号企业数字化转型研究——以张弓酒业为例［J］．中国软科学，2020（4）：184-192.

行数字化转型的中小企业来说，选择合适的技术和合作伙伴是一个巨大的挑战。而且，许多技术服务商对中小企业的支持也多停留在表面，缺乏深入的行业理解和个性化的解决方案。

行业协作与共享不足：中小企业在数字化转型过程中往往缺乏足够的行业协作与资源共享的机会。与大型企业相比，中小企业通常缺乏行业内的强大协作网络，难以借助行业平台获取先进技术的共享、资金支持和技术支持。这样的外部生态环境的缺失，使得中小企业在转型过程中处于孤立状态，面临的挑战进一步加剧。

中小企业数字化转型悖论的根源，既来自于企业内部资源的短缺，也源于外部环境和政策支持的不足。要解决这一悖论，必须从多个维度着手：企业自身需要加强战略规划，明确转型目标，构建系统的实施路径；政府和社会应当加强对中小企业的政策支持和服务提供，创造更加完善的数字化转型生态系统；而中小企业在技术选择上应更加务实，避免过度追求先进性而忽视实际需求。通过这些措施，中小企业可以更有效地克服资源和环境的制约，顺利实现数字化转型。

三、中小企业数字化转型悖论的解决思路

数字化转型是一个长期且复杂的过程，尤其对于资源相对有限的中小企业来说，面对转型悖论时，企业需要理性对待并制定切实可行的解决方案。以下是一些解决数字化转型悖论的思路，旨在帮助中小企业克服转型过程中的矛盾与挑战。

1. 分阶段实施

中小企业在进行数字化转型时，应避免盲目追求“一步到位”，因为一次性的大规模转型往往伴随高风险，尤其在资金和技术资源有限的情况下。相反，企业应根据自身的资源和能力制订分阶段实施的计划，逐步推

进转型。①

评估现状与需求：企业需要深入分析现有的技术基础设施、业务流程和管理模式，识别出数字化转型的关键痛点和改进空间。

分步实施：在转型过程中，企业可以从最紧迫和最具回报的领域入手，优先推进。例如，针对生产环节中的技术升级、客户关系管理系统的改善或供应链管理的数字化等，逐步展开，避免同时推进多个项目，避免资源的过度消耗。

持续优化与调整：分阶段实施还意味着企业可以在每个阶段完成后进行总结和反思，及时调整下一步的目标与实施路径，从而确保转型进程的灵活性与可持续性。

通过分阶段实施，中小企业可以在资源可控的情况下逐步推进转型，减少一次性投入的风险，确保每个阶段都能够稳步推进和落地。

2. 聚焦核心需求

中小企业在数字化转型时，常常面临市场上大量技术工具和解决方案的选择，其中一部分复杂且昂贵，不一定适合中小企业的具体需求。因此，企业应聚焦核心需求，选择适合的数字化工具和解决方案。

识别关键痛点：中小企业需要深入了解自身业务中最亟待解决的问题。例如，是否面临库存管理难题？是否需要通过数据分析来提升决策效率？明确企业的核心需求，避免盲目跟风或过度技术化，选择那些最能够解决实际问题的技术和工具。

选择适合规模的技术：许多先进的数字化工具和技术是为大型企业设计的，对于中小企业来说，这些工具可能过于复杂或昂贵。因此，中小企业在选择技术时，应更加注重工具的实际适用性和性价比，避免因追求先进性而选择不符合企业规模和发展需求的技术。

① 梁雅楠，张成．企业数字化转型能否破解“生产率悖论”——基于沪深 A 股上市公司数据的实证分析［J］．企业经济，2024，43（9）：60-70.

逐步扩展应用：在数字化转型过程中，中小企业应首先从关键领域入手，逐步扩展应用。例如，先在财务管理、客户管理等基础功能上应用数字化工具，待这些工具运行稳定后，再逐步扩展到其他领域。这样既能保证转型的成功率，又能让企业在较短时间内看到投资回报。

3. 借助外部力量

由于中小企业面临着资源和能力的限制，借助外部力量成为解决数字化转型悖论的重要途径。中小企业应积极利用政府政策、行业平台以及与第三方服务商的合作，来弥补自身的不足。

政府政策支持：许多国家和地区的政府已经出台了支持中小企业数字化转型的政策，包括财政补贴、税收优惠、技术研发补助等。中小企业应主动了解并争取相关政策支持，减轻资金压力，加快转型步伐。

平台赋能：随着数字化技术的发展，许多行业平台和生态系统的出现为中小企业提供了数字化转型的资源和支持。① 例如，企业可以借助云平台、ERP 系统、电子商务平台等现成的服务和工具来快速实现业务的数字化，降低转型难度和成本。

与第三方服务商合作：如果中小企业缺乏足够的技术能力和经验，可以选择与专业的第三方服务商合作。通过外包技术开发、数据分析、人工智能应用等领域的专业服务，中小企业能够在转型过程中获得技术支持，从而加速转型进程，减少技术实施的风险。

通过借助外部力量，中小企业能够有效弥补自身在资源、技术和能力方面的不足，推动数字化转型更为高效地进行。

4. 培养数字化文化

数字化转型不仅仅是技术层面的改变，更是一场组织文化的变革。中

① 李帅娜，林婷．数字化转型、专业化分工与服务业企业生产率——破解“生产率悖论”之谜［J］．财贸研究，2023，34（8）：26-37.

小企业应当培养数字化文化，提升员工的数字化意识，从而为转型提供持久的内在动力。

提高数字化认知：企业应通过内部培训、外部学习等方式提高员工对数字化转型的认知，使其理解数字化转型对企业生存和发展的重要性。员工的支持和参与是数字化转型成功的关键。

推动组织变革：数字化转型需要企业进行业务流程的优化和管理模式的创新。中小企业应通过精简流程、加强部门协作、建立信息共享机制等方式，提升组织的灵活性与协同效能。只有具备适应数字化转型的灵活组织文化，才能确保转型的顺利推进。

激励创新与实践：数字化文化的培养还需要鼓励员工创新与实践，特别是在技术应用和业务创新方面。① 通过创建开放、包容的企业文化，员工能够提出新的想法并付诸实践，从而推动企业不断适应和优化数字化转型。

中小企业数字化转型悖论的解决需要多方共同努力。企业应根据自身的资源与能力，制订切实可行的分阶段转型计划，聚焦核心需求，选择适合的数字化工具和解决方案；同时，应借助政府政策支持、平台赋能与第三方服务商合作，弥补资源不足；最终，通过培养数字化文化，推动组织内外的协作与创新，为转型提供内在动力。只有通过这些综合性的举措，中小企业才能在数字化转型的道路上稳步前行，克服转型过程中的悖论与挑战，最终实现可持续发展。

---

① 刘新争．企业数字化转型中的“生产率悖论”——来自制造业上市公司的经验证据［J］．经济学家，2023（11）：37-47.

第三章
中小企业数字化转型的驱动因素剖析

中小企业数字化转型的驱动因素包括内部驱动因素与外部驱动因素。内部驱动因素主要涉及企业自身的条件和能力，包括企业基础设施、组织结构与决策机制、高层领导的认知与行动。综合分析与评估这些驱动因素，可以发现，中小企业在数字化转型过程中，需要内外兼修，既要优化内部条件，又要积极应对外部环境的变化。通过内外部因素的综合考量，企业可以制定出更为科学合理的数字化转型战略，从而在激烈的市场竞争中占据有利地位。

第一节　中小企业数字化转型内部驱动因素的深度挖掘

在数字化背景下，中小企业的组织变革不再单纯是对市场竞争的反应，更是一种适应数字化浪潮、提升长期竞争力的战略选择。数字化不仅影响了企业的生产、运营、管理模式，还对组织的结构、文化、流程等方面提出了新的要求。中小企业在数字化转型过程中，面临着来自内部与外部的多重压力和动因，这些因素相互交织，共同推动了组织的变革。

一、内部动因

内部动因通常指的是企业在自身发展过程中所遇到的瓶颈和问题，这些问题直接促使企业寻求变革，特别是在数字化转型的背景下，内部动因显得尤为突出。

（一）提升运营效率与降低成本的需求

中小企业在运营中面临着较大的成本压力，尤其是在生产、采购、库存管理等环节，数字化技术提供了高效的解决方案。例如，企业通过引入企业资源计划（ERP）系统、自动化生产线等工具，可以大幅度提高工作效率，减少人为错误和操作浪费。学者达文波特（Davenport，1998）在其研究中指出，企业的流程重组和信息化改造能够有效提升效率和降低成本，这对中小企业尤为重要。①

① Davenport, T. H. . Putting the Enterprise into the Enterprise System [J]. Harvard Business Review, 1998, 76 (4), 121-131.

（二）提升客户体验与市场响应速度

随着市场需求的不断变化，消费者对服务的要求越来越高，中小企业需要快速响应市场变化并提供个性化服务。数字化技术，尤其是大数据和人工智能，能够帮助企业获取并分析客户需求，从而精准地调整产品和服务策略。波特和赫佩尔曼（Porter & Heppelmann，2014）提出，数字化技术可以让企业深入了解客户，改善客户关系，并通过实时数据优化决策过程，从而增强市场竞争力。① 因此，提升客户体验和市场响应速度已成为推动企业变革的重要内部动因。

（三）员工协同与信息共享的需要

随着组织规模的扩大，企业内部的信息流通和员工之间的协作效率往往成为制约发展的因素。在没有有效的信息化手段时，企业的管理层和员工之间的沟通往往较为滞后，导致决策效率低下。数字化工具的引入可以促进信息共享，优化团队协作，提高企业整体的工作效率。根据塔什曼和奥莱利（Tushman & O´Reilly，1996）的研究，信息技术的应用能够打破企业组织中的“信息孤岛”，增强部门之间的协作，推动整个企业的高效运行。②

（四）企业文化的变革与创新激励

数字化转型不仅仅是技术层面的更新，更是组织文化、管理模式和工作方式的全面革新。企业在转型过程中，需要营造更加开放、灵活、创新的文化氛围，以适应快速变化的市场环境。科特（Kotter，1996）提出，

---

① Porter，M. E.，& Heppelmann，J. E.. How Smart，Connected Products Are Transforming Competition [J]. Harvard Business Review，2014，92（11），64-88.

② Tushman，M. L.，& O´Reilly，C. A.. Ambidextrous Organizations：Managing Evolutionary and Revolutionary Change [J]. California Management Review，1996，38（4）：8-30.

组织变革的成功需要全员参与，尤其是在组织文化层面，企业应鼓励员工进行创新和试错，以推动长期的战略目标实现。① 对于中小企业来说，建立一种能够快速响应市场需求和技术变化的企业文化，是数字化转型的重要组成部分。

第二节　中小企业数字化转型外部驱动因素的系统分析

中小企业在决定是否及如何进行数字化转型时，往往会受到众多外部因素的影响。这些外部因素既是挑战，也是推动力，促使企业不得不适应变化，寻求新的发展模式。外部环境因素构成了中小企业数字化转型的外部生态体系，每一环节的优化和完善都将对转型的成效产生深远影响。因此，中小企业在推进数字化转型的过程中，需密切关注并有效利用这些外部条件，以实现自身的可持续发展。以下是三个主要的外部驱动因素：市场动荡性、技术动荡性以及政策环境与法规遵从。

一、市场动荡性

在全球化和技术日新月异的当下，市场环境正经历着前所未有的动荡与变革。这种动荡性不仅源于消费者需求、偏好及购买行为的快速更迭，还深受新兴竞争对手的崛起以及全球经济周期性波动的影响。中小企业，作为市场的重要组成部分，正面临着前所未有的挑战与机遇。

① Kotter, J. P.. Leading Change [M]. Harvard: Harvard Business Press, 1996: 124.

（一）消费者行为变化

随着互联网技术的飞速发展和移动设备的广泛普及，消费者的购物习惯、社交方式以及信息获取途径都发生了翻天覆地的变化。线上购物已成为主流，消费者越来越倾向于通过电子商务平台进行商品浏览、比较和购买。同时，社交媒体平台如微信、微博、抖音等，也成为消费者获取产品信息、分享购物体验的重要渠道。在这种背景下，中小企业必须紧跟时代步伐，充分利用电子商务平台、社交媒体营销以及大数据分析等数字化手段，深入挖掘消费者需求，提供个性化、差异化的产品和服务，以赢得消费者的青睐。

大数据分析在消费者行为预测中扮演着至关重要的角色。通过对消费者在线行为、购买记录、社交媒体互动等多维度数据的分析，中小企业可以更加精准地把握消费者需求的变化趋势，从而提前调整产品策略、优化营销策略，提高市场响应速度。

（二）竞争格局变化

数字化技术的广泛应用，不仅极大地降低了市场进入门槛，还使得新兴企业能够迅速崛起，传统行业的边界也因此变得模糊。[①] 在这种竞争格局下，中小企业必须充分利用数字化工具，提升产品和服务的竞争力，或是开拓新的市场领域，以应对日益激烈的竞争。

随着互联网的普及和数字技术的飞速发展，市场竞争变得越来越激烈。无论是国内市场还是国际市场，都对企业提出了更高的技术和服务要求。在这种情况下，未能及时进行数字化转型的企业将失去竞争优势。希特等人（Hitt et al.，1997）认为，数字化转型不仅能够帮助企业提升内部

---

① 何锋．论数字化时代 RPA 在中小企业财税领域的应用［J］．理财，2024（10）：77-78+91.

效率，还能够增强企业的市场适应性和竞争力，特别是在面对日益激烈的市场竞争时，转型成为保持企业生存和发展的必要条件。①

二、技术动荡性

技术的飞速发展与迭代，特别是云计算、大数据、人工智能（AI）、物联网（IoT）等前沿技术的广泛渗透，正以前所未有的方式重塑着商业格局，既为中小企业开辟了广阔的新商机，也带来了前所未有的技术挑战。这种技术动荡性不仅体现在技术本身的更新换代速度上，还表现在技术选择的多样性和技术融合的复杂性之中。

（一）技术更新换代

在技术的快速更迭之下，昨天的前沿技术可能很快就变成了明日黄花。为了确保技术先进性和市场竞争力，中小企业不得不持续投入，对硬件设施、软件系统和应用工具进行更新换代。这不仅要求企业具备敏锐的市场洞察力，能够及时捕捉到技术的最新发展趋势，还需要有足够的资金支持和高效的决策机制，以确保技术升级的有序进行。此外，技术更新换代还伴随着对人才技能的更新需求，中小企业需要不断提升员工的技术水平和创新能力，以适应新的技术环境。

（二）新兴技术应用

许多国家和地区都在推动数字经济和智慧产业的发展，为中小企业提供了政策支持和优惠措施。例如，政府通过税收减免、补贴政策和技术创新奖励等手段，鼓励企业进行数字化转型。随着国家对数字化基础设施建设的投入加大，数字技术的普及和应用也为中小企业提供了更多的转型机

---

① Hitt, M. A., Ireland, R. D., & Hoskisson, R. E.. Strategic Management: Competitiveness and Globalization [M]. South-Western College Publishing, 1997: 275.

会。根据布林约尔松和麦卡菲（Brynjolfsson & McAfee，2014）的观点，数字化的普及和国家政策的推动是企业进行数字化转型的关键外部动因。① 中小企业要充分利用政府提供的政策支持，进行及时的战略调整。

（三）技术融合的复杂性

随着技术的不断融合，如云计算与大数据的结合、AI 与 IoT 的深度融合等，中小企业面临着构建综合解决方案的复杂挑战。技术融合不仅要求企业具备跨领域的技术能力，还需要有强大的系统集成能力和项目管理能力。中小企业需要深入了解不同技术的特点和优势，根据自身业务需求，巧妙地将各种技术融合起来，创造出更具竞争力的解决方案。

三、政策环境与法规遵从

政府政策、行业标准和法律法规的变化，如同一股不可忽视的力量，对中小企业数字化转型产生了深远的影响。这些外部因素不仅影响了企业的转型路径，还直接影响了转型的成败。

（一）政策激励

许多国家和地区的政府深刻认识到数字化转型对于经济增长、产业升级和社会进步的重要性，因此纷纷出台了一系列激励政策，旨在降低中小企业转型的门槛，激发其转型的动力。这些政策涵盖了资金支持、培训服务、技术支持平台等多个方面。

在资金支持方面，政府通过设立专项基金、提供税收减免、补贴奖励等措施，减轻了中小企业在数字化转型过程中的经济负担。这些资金不仅用于硬件设施的升级、软件系统的购买，还用于人才引进、技术研发等关

① Brynjolfsson, E. , & McAfee, A. . The Second Machine Age: Work, Progress, and Prosperity in a Time of Brilliant Technologies [M]. W. W. Norton & Company, 2014: 115.

键环节，为中小企业的数字化转型提供了坚实的物质保障。

在培训服务方面，政府联合高校、科研机构、行业协会等组织，为中小企业提供了丰富的培训课程和实操演练机会。这些培训不仅提升了企业员工的技术水平和创新能力，还加深了他们对数字化转型的认识和信心。

在技术支持平台方面，政府通过搭建云计算中心、大数据平台、人工智能实验室等基础设施，为中小企业提供了高效、便捷的技术服务。这些平台不仅降低了企业自主研发的成本和风险，还促进了技术创新和产业升级。

（二）法规遵从挑战

随着 GDPR（欧盟通用数据保护条例）、《中华人民共和国网络安全法》等国际和国内法规的实施，中小企业在享受数字化带来的便利的同时，也面临着合规管理的严峻挑战。这些法规要求企业在处理个人数据、维护网络安全等方面达到更高标准，否则将面临严重的法律风险和声誉损失。

为了应对这些挑战，中小企业必须加强合规管理，建立健全的数据保护机制和网络安全体系。这包括制定完善的数据处理政策、加强员工培训、定期进行安全审计等措施。同时，企业还需要密切关注法律法规的更新动态，及时调整自身的合规策略和管理流程。

（三）政策引导与支持

政策是引导和支持中小企业数字化转型的重要外部因素。政府通过制定减税降费、创新激励、市场准入等优惠政策，为中小企业创造了有利的政策环境。这些政策不仅降低了企业的运营成本和市场风险，还激发了企业的创新活力和市场竞争力。同时，政府还通过合理界定政府与市场的边界，确保政策既不过度干预市场运行，又能有效引导资源流向。这有助于形成政府引导、市场主导、企业为主体的数字化转型格局，为中小企业数字化转型提供有力的政策保障。

市场动荡性、技术动荡性以及政策环境与法规遵从构成了中小企业数字化转型的重要外部驱动因素。面对这些外部挑战，中小企业应当主动求变，把握机遇，通过有效的策略和措施，顺利完成数字化转型，以适应不断变化的市场环境，实现可持续发展。

第四章

中小企业数字化转型的路径设计与创新

在当今这个瞬息万变的数字化时代，中小企业面临着前所未有的机遇与挑战。数字化转型已不再是选择题，而是必答题。为了在这场数字革命中立足并脱颖而出，中小企业必须明确转型路径，遵循基本原则，分阶段实施具体策略，并构建完善的数字化生态系统。本章将深入探究中小企业数字化转型的路径，从基本原则到具体策略，再到数字化生态系统的构建，全方位剖析数字化转型的关键要素和步骤。

第一节　中小企业数字化转型的基本原则

中小企业在数字化转型过程中面临着诸多挑战，如资金短缺、技术壁垒、人才匮乏等。因此，探索和实践一套适合中小企业特点的数字化转型原则显得尤为重要。本节旨在深入探讨中小企业数字化转型的基本原则，包括渐进式转型策略、以客户为中心的理念以及数据驱动决策的重要性等，以期为中小企业提供有益的指导和启示。

一、渐进式转型

渐进式转型策略是中小企业在数字化转型过程中的一种稳妥而有效的方法。这种方法强调的是在转型过程中采取逐步推进的方式，而不是一次性全面改革。

（一）持续迭代

在中小企业数字化转型的征途中，持续迭代是确保转型成功并持续优化的关键策略。为了实现这一目标，建立一个有效的反馈机制至关重要。这一机制不仅涵盖内部员工的意见和建议，还包括外部客户的反馈，从而确保转型策略能够紧密贴合市场需求，及时调整以适应不断变化的环境。通过定期收集和分析这些反馈，企业能够及时发现并解决转型过程中存在的问题，确保转型方向的正确性和有效性。

与此同时，采用敏捷开发方法对于中小企业来说同样重要。敏捷开发强调快速响应市场变化，通过短周期的迭代开发，不断优化产品和流程。① 这种方法不仅能够提高企业的灵活性和响应速度，还能确保转型过程中的每一步都紧密围绕客户需求和市场趋势，从而加速转型成果的落地和市场的接受度。

此外，持续学习是中小企业在数字化转型中不可或缺的一环。随着技术的不断进步和数字化环境的日新月异，员工需要不断学习新技术和新方法，以适应这一变化。企业应鼓励员工积极参与培训和学习活动，不断提升自身的技能和知识，从而为企业注入源源不断的创新动力。通过持续学习，中小企业能够保持竞争优势，确保转型过程的持续性和有效性。

（二）监测与评估

在中小企业数字化转型的全过程中，监测与评估是确保转型效果、及时调整策略并达成既定目标的重要手段。首先，企业需要定义并跟踪一系列关键绩效指标（KPIs），这些指标应紧密关联转型的核心目标，如运营效率提升、客户满意度提高、成本控制优化等，以客观衡量转型的进度和效果。通过持续追踪 KPIs，企业能够实时掌握转型的动态，及时发现并解决潜在问题。

此外，定期审查转型计划的执行情况同样不可或缺。企业应设定固定的审查周期，如季度或半年度，对转型的进展进行全面评估，检查是否达到了预期目标。在审查过程中，不仅要关注成果，还要深入分析存在的问题和挑战，根据实际情况对转型计划进行必要的调整和优化，确保转型始终沿着正确的方向前进。

保持转型过程的透明度也是监测与评估中的重要一环。企业应向所有利益相关者，包括员工、管理层、合作伙伴以及投资者等，定期通报转型

① 胡姝姝．数字转型环境下中小企业文件管理模式研究［D］．长春：吉林大学，2024：27.

的进展和成果，确保信息的开放和共享。这不仅能够增强内部团队的凝聚力和向心力，还能提升外部合作伙伴和投资者的信心，为转型的顺利推进营造良好的外部环境。

通过定义和跟踪 KPIs、定期审查转型计划以及保持透明度，中小企业能够全面、准确地监测和评估转型的进展和效果，及时调整策略，确保转型目标的顺利实现。

（三）文化适应

在中小企业数字化转型的深刻变革中，文化适应是确保转型成功并持续深化的关键要素。首先，变革管理成为不可或缺的一环，旨在有效应对员工在转型过程中可能出现的抵触情绪。企业需要通过积极的沟通和培训，帮助员工深刻理解转型的必要性和长远好处，从而激发他们的参与热情和支持度。有效的变革管理不仅能减少转型阻力，还能增强团队的凝聚力和向心力，为转型的顺利推进奠定坚实基础。

同时，领导层的角色也至关重要。领导层需要展现出对数字化转型的坚定承诺，并通过自己的实际行动来树立榜样，引领全体员工共同迈向数字化未来。领导者的示范效应能够极大地提升团队的信心，确保转型战略得以贯彻执行。领导层还需具备前瞻性的视野，密切关注市场动态和技术趋势，及时调整转型策略，以适应不断变化的外部环境。

通过这些扩展措施，中小企业能够更加稳健地推进数字化转型，确保转型过程不仅符合企业的长期战略发展方向，还能灵活适应外部环境的变化，从而在激烈的市场竞争中脱颖而出，实现可持续发展。文化适应不仅关乎转型的成败，更是企业能否在数字化时代保持竞争力和创新力的关键所在。

二、以客户为中心

以客户为中心的理念是企业成功的关键因素之一，它要求企业在每一个决策和行动中都把客户的需求和利益放在首位。

（一）提升客户体验

在中小企业数字化转型的过程中，提升客户体验是增强客户满意度和忠诚度的关键。为了实现这一目标，企业需致力于提供个性化服务，即根据客户的历史行为和偏好，精心定制产品和服务推荐，以满足客户的独特需求。同时，企业应确保客户能够轻松访问其产品或服务，无论是通过网站、移动应用还是实体店等多种渠道，都能提供无缝且便捷的购物体验。此外，当客户遇到问题时，企业应迅速响应，提供高效且准确的解决方案，最大限度地减少客户的等待时间，从而树立积极的企业形象。通过这些举措，中小企业不仅能够提升客户体验，还能在激烈的市场竞争中脱颖而出，实现可持续发展。

（二）持续改进产品和服务

在中小企业数字化转型的进程中，持续改进产品和服务是保持市场竞争力和满足客户需求的核心策略。[①] 为了实现这一目标，企业首先需采用敏捷开发方法，通过快速迭代产品，迅速适应市场变化和客户需求。敏捷开发不仅提高了产品开发的效率，还确保了产品能够紧密贴合市场趋势，满足客户的即时需求。此外，培养一种鼓励创新和实验的企业文化同样至关重要。企业应倡导开放、包容的工作氛围，鼓励员工勇于尝试新思路、新技术，不断推出新的产品和服务，以满足市场的多元化需求。这种创新

① 郎雪冰．我国中小企业会计数字化转型的问题与策略［J］．中国会展，2024（19）：106-108.

文化不仅能够激发员工的创造力和积极性，还能为企业带来持续的增长动力。

与此同时，与供应商和其他合作伙伴建立紧密的合作关系也是持续改进产品和服务的关键。通过共享资源、技术和市场洞察，企业能够与合作伙伴共同开发更加满足客户需求的解决方案，提升产品的整体竞争力和市场占有率。

因此，中小企业在数字化转型过程中，应综合运用敏捷开发、创新文化和合作伙伴关系等多种策略，持续改进产品和服务，以保持市场竞争优势，满足客户的多样化需求，推动企业的持续发展和创新。

（三）数据驱动决策

在中小企业数字化转型的浪潮中，数据驱动决策已成为提升业务效率和市场竞争力的关键策略。为了实现这一目标，企业正积极利用机器学习和人工智能技术进行预测分析。通过对海量数据的深入挖掘和分析，企业能够准确把握市场趋势和客户需求的变化，为未来的业务规划和产品开发提供科学依据。这种预测分析能力不仅有助于企业提前布局市场，还能有效规避潜在风险，确保决策的前瞻性和准确性。

与此同时，客户细分也是数据驱动决策的重要组成部分。通过细分市场，企业能够更精准地识别不同客户群体的特征和需求，从而制定更具针对性的营销策略。这种定制化的营销方式不仅能够提升客户满意度和忠诚度，还能有效提高营销资源的利用效率，实现业务增长的最大化。

因此，中小企业在数字化转型过程中，应充分利用机器学习和人工智能技术进行预测分析，同时加强客户细分，以数据为驱动，科学决策，不断提升业务效率和市场竞争力，为企业的可持续发展奠定坚实基础。

三、数据驱动决策

数据驱动决策是现代企业运营中的核心组成部分，它涉及使用数据收集和分析来指导业务决策和策略。

（一）数据收集与分析

在中小企业数字化转型的进程中，数据收集与分析扮演着至关重要的角色，为企业提供了洞察业务全貌、指导决策制定的有力工具。为了确保数据收集的全面性，企业需覆盖所有相关领域，从市场趋势、客户需求到运营绩效等，无一遗漏，以便获得全面且深入的业务洞察。这一全面性不仅有助于企业把握全局，还能为各个部门的协同工作奠定坚实的基础。

在数据收集的过程中，准确性同样不可或缺。企业应建立严格的质量控制和验证流程，确保每一份数据都准确无误，避免因错误数据导致的误导性决策。这种对数据准确性的追求，不仅体现了企业对决策的严谨态度，更是对客户和市场的尊重。

此外，实时性分析也是数据收集与分析的重要一环。借助先进的数据仓库和分析工具，企业能够实现数据的即时处理和分析，从而快速响应市场变化，把握转瞬即逝的商业机遇。这种实时性不仅提升了企业的决策效率，还增强了企业的市场竞争力。

（二）数据驱动的业务流程

在中小企业数字化转型的进程中，数据驱动的业务流程已成为提升运营效率、增强市场竞争力的关键途径。企业通过分析业务流程中产生的数据，能够精准识别出存在的瓶颈和低效环节，进而采取针对性的优化措施，显著提升整体运营效率。① 这种流程优化不仅减少了资源浪费，还加快了业务响应速度，提升了客户满意度。因此，中小企业在数字化转型过程中，应充分利用数据驱动的业务流程，通过流程优化、市场预测、产品开发和风险管理等多方面的努力，不断提升运营效率和市场竞争力，为企业的长远发展奠定坚实基础。

（三）数据驱动的决策优势

在中小企业数字化转型的浪潮中，数据驱动的决策展现出了显著的优势，成为企业提升竞争力、实现可持续发展的重要引擎。首先，数据提供了客观、真实的证据，有助于减少决策过程中的主观性和偏见，确保决策的科学性和准确性。这种客观性不仅提升了决策的质量，还增强了决策的公信力，为企业赢得了更多的信任和支持。

其次，数据具有可量化的特点，能够清晰地展现业务成果和绩效表现。通过数据分析，企业可以准确地评估各个部门和员工的贡献，为绩效评估、激励机制的制定提供科学依据。这种量化的管理方式不仅提高了企业的运营效率，还激发了员工的积极性和创造力。

数据驱动的决策在中小企业数字化转型中展现出了客观性、可量化、敏捷性和创新性等多重优势，成为企业提升竞争力、实现可持续发展的重要保障。

（四）数据文化的培养

在中小企业数字化转型的深入发展阶段，构建并培育一种深入人心的数据文化，已成为推动企业持续成长、优化决策流程、提升运营效率的核心要素。数据文化的培养，不仅仅是技术层面的革新，更是企业思维方式

---

① 李画画，尹雪．数实融合促进泰安市中小企业数字化转型的作用机制和对策研究［J］．经济研究导刊，2024（18）：59-62.

和工作习惯的深刻变革。

首先，培训是数据文化落地的基石。企业应定期为员工举办数据分析和数据驱动决策的专业培训，内容涵盖数据收集、处理、分析以及解读等多个环节，旨在全面提升员工的数据素养。这种培训不仅限于数据分析师或 IT 部门，而应覆盖到所有层级和职能的员工，因为每个部门、每个岗位都可能在日常工作中接触到数据，并需要利用数据来做出决策。通过培训，员工将学会如何更有效地收集数据、如何准确解读数据背后的信息，以及如何基于数据做出更为科学的决策，从而在整个组织内形成一种数据驱动的工作氛围。

其次，跨部门的数据共享与合作是数据文化的重要体现。在传统的组织架构中，不同部门之间往往存在着信息壁垒，导致数据难以流通和共享。为了打破这一局面，企业应建立跨部门的数据共享机制，鼓励各部门之间开放数据、共享信息，以实现数据的最大化利用。这不仅可以促进部门间的协同工作，提高工作效率，还能帮助企业从更宏观的角度审视业务，发现潜在的增长点和优化空间。

最后，领导者的角色在数据文化的培养中不容忽视。作为企业的领航者，领导者应率先垂范，成为数据驱动决策的践行者。他们应主动学习数据分析相关知识，了解数据分析的流程和方法，并在实际工作中积极运用数据进行决策。同时，领导者还应通过制定相关政策、提供资源支持等方式，为数据文化的落地创造有利条件，从而推动整个组织形成数据驱动的工作氛围。

通过这些综合措施的实施，企业不仅能够提升决策的科学性和有效性，还能在激烈的市场竞争中占据有利地位。数据文化的培养，将使企业更加敏锐地捕捉市场变化，更加精准地把握客户需求，从而制定出更具前瞻性和针对性的战略。同时，数据文化的形成还将有助于提升企业的合规性，确保企业在处理数据时严格遵守相关法律法规，保护客户和企业的利益。

四、技术与人才相匹配

在数字化转型的浪潮中，技术与人才的匹配显得尤为重要。企业需要选择合适的技术解决方案，并培养或引进具备相应技能的人才，以支持数字化转型。

（一）明确技术需求与人才技能匹配

在中小企业数字化转型的征途上，明确技术需求与人才技能匹配是确保项目顺利推进、技术实施高效的关键步骤。这一过程要求企业首先对自身所需的技术有一个清晰且全面的认识，包括技术类型的选择、技术深度的挖掘以及技术广度的拓展。

技术类型的选择，应基于企业的业务需求和战略方向。例如，是侧重于大数据分析、云计算、人工智能等前沿技术，还是专注于提升现有系统的稳定性和效率，这都需要企业根据自身情况进行深思熟虑。同时，技术深度的挖掘也至关重要。企业不仅要了解某项技术的基本原理，还要深入挖掘其应用场景、潜在价值以及可能带来的变革，以便更好地将其融入企业的日常运营和战略决策中。

技术广度的拓展则要求企业具备跨领域、跨行业的技术视野。在数字化转型的背景下，企业不仅要关注自身所在领域的技术发展，还要关注其他领域的技术创新，以便在必要时进行技术融合和创新，为企业的未来发展开辟新的道路。

（二）建立能力标准体系

在中小企业数字化转型的深入实践中，建立一套科学、系统且符合企业实际需求的能力标准体系，对于提升员工能力、优化人才结构、推动业务创新具有重要意义。为此，企业可以借鉴“司南标准体系”和“元能力模型”等先进理念，构建以岗位角色模型为核心的能力标准体系、培养体系和评估体系。

首先，能力标准体系的构建是这一过程的基石。它基于各个岗位的角色定位和能力要求，结合国内外著名能力框架的设计思想，如胜任力模型、领导力模型等，同时参考国内互联网公司及数字化转型成功企业的岗位能力标准，形成一套既具有前瞻性又符合企业实际的能力标准体系。这一体系不仅涵盖了技术技能、业务知识、团队协作、创新思维等多个维度，还针对不同岗位、不同层级进行了细化和区分，确保每个员工都能找到适合自己的能力发展方向。

其次，建立能力标准体系是中小企业数字化转型过程中的一项重要任务。通过借鉴先进理念、结合企业实际、构建科学体系、完善培养机制和强化评估机制等多方面的努力，企业可以逐步建立起一套符合自身需求的能力标准体系，为企业的持续发展和竞争力提升奠定坚实基础。

（三）优化人才结构

随着技术发展的日新月异，企业应紧跟时代步伐，积极优化人才结构，以适应数字化转型的需求。这一过程中，企业应着重培养跨领域融合型、数据驱动型以及掌握人工智能与机器学习等前沿技术的新型数字人才。① 这些人才不仅具备深厚的专业知识，还能在不同领域间灵活切换，为企业的创新性发展提供源源不断的动力。

在培养跨领域融合型人才方面，企业应鼓励员工拓宽知识视野，通过内部培训、外部交流、项目合作等多种方式，提升他们的综合素养和跨领域协作能力。这些人才能够打破传统领域的界限，将不同领域的知识和技

① 李想．双元学习视角下创业导向对中小企业数字化转型成熟度的影响机理研究［D］．郑州：河南财经政法大学，2024：5.

术进行有效融合，为企业创造更多的价值。

数据驱动型人才的培养同样至关重要。在数字化转型的背景下，数据已成为企业决策的重要依据。企业应加强对员工数据分析能力的培养，使他们能够熟练掌握数据挖掘、数据分析、数据可视化等技能，为企业的决策提供科学、准确的数据支持。

优化人才结构是企业数字化转型过程中的一项重要任务。通过培养跨领域融合型、数据驱动型以及掌握人工智能与机器学习等前沿技术的新型数字人才，并关注人才的地域和行业分布，企业可以逐步建立起一支高素质、多样化的团队，为企业的持续发展和竞争力提升奠定坚实基础。

（四）强化人才激励与留存

强化人才激励与留存机制是中小企业数字化转型过程中的一项重要任务。通过提供有竞争力的薪酬福利、规划清晰的职业发展路径、营造积极的工作环境和企业文化以及建立有效的绩效管理和激励机制，企业可以逐步建立起一套全面、有效的激励与留存体系，为企业吸引与留住核心人才奠定坚实基础。

（五）推动人才国际交流

在全球化的今天，推动人才国际交流已成为企业提升国际竞争力、加速数字化转型的重要途径。通过积极参与国际交流项目，企业不仅能够引进海外高层次数字人才，为团队注入新鲜血液和前沿技术，还能支持留学回国人才的创新创业，激发他们的创新潜能，同时加强与国际合作伙伴的交流与合作，共同探索数字化转型的新机遇。

在引进海外高层次数字人才方面，企业应充分利用国际交流项目的平台优势，积极对接海外顶尖高校、科研机构和创新企业，吸引具有丰富经验和创新能力的数字人才加入。这些人才往往具备深厚的专业知识、前沿的技术视野以及丰富的项目管理经验，他们的加入将为企业带来全新的技术理念和管理模式，推动企业在数字化转型的道路上迈出坚实步伐。

（六）数字化管理师的培养

在当今这个数字化时代，数字化管理师已成为推动企业数字化转型的关键角色。他们不仅具备深厚的数字素养与技能，还能够在企业管理和运营中灵活运用数字技术，提升企业的运营效率和市场竞争力。因此，企业应高度重视数字化管理师的培养，通过一系列措施不断提升他们的专业能力和数字化管理能力。

首先，提升数字化管理师的数字素养与技能是基础。企业应定期组织培训和交流活动，邀请行业专家、学者以及具有丰富实践经验的数字化管理师分享最新的数字技术、工具和方法。这些培训和交流活动不仅有助于数字化管理师掌握最新的数字技能，还能拓宽他们的视野，提升他们的创新能力和解决问题的能力。

其次，加强数字化管理师的专业能力同样重要。企业应结合自身的实际需求，为数字化管理师量身定制个性化的培训计划，涵盖项目管理、数据分析、信息安全等多个方面。通过系统的培训和实践锻炼，数字化管理师能够更深入地了解企业的业务流程和管理需求，从而为企业提供更加精准、高效的数字化解决方案。

除了上述措施外，企业还应建立完善的数字化管理师激励机制，通过薪酬激励、职业发展机会、荣誉表彰等方式，激发数字化管理师的工作热情和创造力。同时，企业还应加强与高校、研究机构的合作，共同培养具备数字化素养和创新能力的高素质人才，为企业的数字化转型提供源源不断的人才支持。

数字化管理师的培养是推动企业数字化转型的重要任务。企业应高度重视这类人才的培养，通过提升数字素养与技能、加强专业能力、增强数字化管理能力以及建立完善的激励机制等措施，逐步建立起一支高素质、专业化的数字化管理师队伍，为企业的高质量发展奠定坚实基础。

（七）构建新型继续教育体系

在当今这个快速变化的时代，随着科技的迅猛发展和市场竞争的日益激烈，企业对人才的需求也在不断变化。为了快速应对这一人才匹配难题，构建适合市场需求、具有较强应变能力的继续教育体系显得尤为重要。这一体系的构建不仅能够提高人才匹配率，有效解决高科技企业面临的人才短缺问题，还能够推动人才的持续成长和创新能力的提升。

首先，构建新型继续教育体系需要紧密贴合市场需求。企业应深入调研和分析行业发展趋势和人才需求变化，了解市场对不同类型、不同层次人才的需求状况。基于这些市场需求信息，企业可以设计更具针对性的培训课程和项目，确保所培养的人才能够真正满足企业的实际需求。

其次，新型继续教育体系应具备较强的应变能力。随着技术的不断进步和市场的不断变化，人才的需求也在不断变化。因此，继续教育体系需要快速适应这些变化，及时调整课程设置和培训内容，确保所培养的人才能够跟上时代的步伐，具备最新的知识和技能。

在构建新型继续教育体系的过程中，企业可以充分利用线上线下相结合的方式，打造灵活多样的学习平台。① 通过线上课程、直播讲座、虚拟实验室等多种形式，为人才提供便捷、高效的学习资源。同时，企业还可以邀请行业专家、学者以及企业内部的资深员工担任讲师，分享他们的经验和知识，提升人才的实战能力和专业素养。

通过上述策略，企业可以更好地实现技术与人才的匹配，从而支持数字化转型，提高企业的竞争力和市场适应能力。

---

① 李义振．组态视角下甘肃省中小企业数字化转型影响因素及多元化路径研究［D］．兰州：兰州财经大学，2024：24.

第二节　中小企业数字化转型阶段与具体策略

在数字化转型的浪潮中，中小企业正面临着前所未有的机遇与挑战。为了在这场变革中立足并脱颖而出，中小企业需要明确转型的路径和策略，分阶段、有步骤地推进数字化转型。本节将深入探讨中小企业数字化转型的四个阶段：信息化基础建设阶段、业务流程优化与重组、数据管理与分析能力提升，以及智能化应用与创新实践。每个阶段都代表着中小企业数字化转型的不同层次和深度，也对应着不同的策略和方法。

一、信息化基础建设阶段

在信息化基础建设阶段，中小企业需要采取一系列措施来建立和加强其信息化能力，为后续的数字化转型打下坚实的基础。

（一）评估数字化基础水平

为了有效推进企业的数字化转型进程，首先需要开展一次全面而深入的数字化评估工作。这一步骤涉及对企业的硬件、软件、网络基础设施、数据管理和分析能力等多个方面进行细致的内部审计。通过这一审计过程，企业可以清晰地了解自身当前的信息化水平，识别出存在的短板和潜在的提升空间。

在完成数字化评估后，需明确数字化转型的优先级。基于评估结果，企业需要深入分析各个领域的数字化转型需求和潜在价值，从而确定哪些领域是转型的优先领域，哪些项目是关键项目。这一步骤至关重要，因为它将直接影响到后续的资源分配和时间表制定。企业应根据自身的战略目标和业务需求，结合数字化转型的优先级，制定出详细的时间表和资源分配计划。这一计划应明确每个项目的启动时间、完成时间、所需资源以及负责人等信息，以确保数字化转型工作的有序进行。

（二）构建适配组织架构

为了成功实施企业数字化转型，构建一个与转型目标相适配的组织架构至关重要。首先，应实施企业数字化转型的“一把手”负责制，这一制度确保了企业高层领导对数字化转型的高度重视和全力支持。由企业高层领导亲自挂帅，负责推动数字化转型的实施，可以确保转型工作得到足够的资源和关注，同时也有助于在全公司范围内明确数字化转型的重要性和紧迫性。

在高层领导的推动下，企业需要调整其组织结构，以适应数字化转型的需求。具体而言，应建立跨部门的数字化转型团队，这一团队由来自不同部门的专业人员组成，包括技术、业务、运营等多个领域的人才。通过跨部门合作，可以打破原有的部门壁垒，促进不同部门之间的有效沟通和协作，从而确保数字化转型工作的顺利进行。同时，这种组织架构的调整也有助于培养员工的数字化转型意识，推动整个企业向数字化、智能化方向迈进。

（三）加强数字化培训

为了加速企业的数字化转型进程，提升全体员工的数字素养和技能至关重要。因此，应定期组织企业经营管理者和一线员工参加数字化培训，充分利用内部培训资源或引入外部专业培训机构，为员工提供全面且系统的学习机会。这些培训活动不仅旨在提升员工的基础数字技能，如计算机操作、数据分析、网络安全等，还要涵盖更高级的技能领域，如大数据分析、云计算、人工智能等前沿技术。通过培训，员工能够更好地理解并应用数字技术，提高工作效率，同时也能够增强企业的整体数字化能力。此外，培训还应注重培养员工的创新思维和问题解决能力，使他们能够在数字化转型的过程中发挥更大的作用，共同推动企业的持续发展和竞争力提升。

（四）投资关键技术基础设施

为了有效推进企业的数字化转型，投资关键技术基础设施是不可或缺的一环。包括升级硬件和软件，确保企业拥有现代化的技术支撑。具体而言，投资于高性能的服务器能够提升数据处理能力和系统响应速度，而先进的数据库管理系统则能更有效地存储、管理和分析海量数据。[①] 此外，企业资源规划（ERP）系统的引入，能够整合企业内部各个业务流程，实现信息共享和协同作业，显著提升运营效率。

与此同时，加强网络安全也是关键技术基础设施投资的重要方面。随着企业数字化程度的加深，网络安全威胁也随之增加。因此，构建坚固的网络防御体系至关重要。包括部署防火墙，以阻挡未经授权的访问；设置入侵检测系统，及时发现并应对潜在的安全威胁；实施数据加密技术，保护敏感信息的传输和存储安全。通过这些措施，企业能够确保网络基础设施的安全稳定，为数字化转型提供坚实的技术保障。

（五）优化数据管理和分析能力

为了全面提升企业的数据管理和分析能力，首要任务是建立一套完善的数据治理框架。这一框架的核心在于制定明确的数据管理政策和流程，确保企业数据的准确性、完整性、安全性和可访问性，从而维护数据的质量和一致性。通过这一框架，企业能够更有效地管理和利用数据资源，为

① 李争粉．工业互联网赋能中小企业数字化转型［N］．中国高新技术产业导报，2024-10-21（011）．

业务决策提供坚实的数据支撑。

在数据治理框架的基础上，企业还应积极投资先进的数据分析工具。包括数据仓库、商业智能（BI）工具等，它们能够帮助企业从海量数据中提取有价值的信息，进行深度的数据分析和挖掘。通过这些工具，企业可以更好地理解市场动态、客户需求和业务流程，从而支持数据驱动的决策，提升业务效率和竞争力。

二、业务流程优化与重组

在业务流程优化与重组阶段，中小企业的目标是通过采用数字化工具和技术来提高业务流程的效率和效果，以更好地适应市场变化和客户需求。

（一）应用数字化工具

为了全面推动企业数字化转型，有效利用数字化工具是不可或缺的一环。首先，迁移到云平台能够显著提升数据的可访问性和灵活性，使企业能够迅速响应市场变化，同时降低硬件采购和维护成本，实现资源的优化配置。云服务不仅提供了弹性的计算能力和存储空间，还支持多租户模式，为企业提供了更高效、安全的数据管理方案。

在项目管理方面，采用项目管理软件可以大大提高团队协作效率，确保项目按时、按质完成。这些工具通常具备任务分配、进度跟踪、资源管理和沟通协作等功能，能够帮助团队成员清晰地了解各自的任务和责任，有效减少沟通障碍，提升整体项目管理水平。

此外，客户关系管理（CRM）系统的应用也是企业数字化转型的重要组成部分。通过CRM系统，企业可以集中管理客户信息，包括客户基本信息、购买历史、服务记录等，为销售团队提供更加精准的客户画像，从而制定更有效的销售策略。同时，CRM系统还能提高客户服务效率，通过自动化的服务流程，快速响应客户需求，增强客户满意度和忠诚度。

（二）流程自动化

在推进企业数字化转型的过程中，流程自动化是提升运营效率、降低成本和增强竞争力的关键策略。首先，企业需要深入分析现有的业务流程，细致识别那些可以通过自动化手段来提高效率的环节。这些环节通常包括重复性高、耗时且易出错的任务，如数据录入、报告生成、订单处理等。

识别自动化机会后，企业应积极实施自动化解决方案，采用机器人流程自动化（RPA）、人工智能等先进技术来替代人工执行这些任务。RPA 技术通过模拟用户操作，能够高效执行预设的流程和任务，显著提升处理速度和准确性。① 而人工智能的应用则能够进一步优化流程，通过机器学习算法自动调整和优化任务执行策略，实现更高的自动化水平和效率。

在实施自动化解决方案时，企业还需注重不同业务系统之间的集成和协同。通过 API（应用程序编程接口）和其他集成工具，将各个业务系统连接起来，实现数据和流程的无缝流动。这不仅能够消除‘信息孤岛’，提升数据共享和利用率，还能进一步简化业务流程，提高整体运营效率。

三、数据管理与分析能力提升

在数据管理与分析能力提升阶段，中小企业需要采取一系列措施来提高对数据的管理和分析能力，从而实现数据驱动决策。

（一）数据采集框架

在数字化转型的浪潮中，构建一个高效且可靠的数据采集框架对于企

① 林雪．数字化转型对中小企业品牌忠诚度的影响研究［J］．现代营销，2024（24）：47-49.

业的决策支持、业务优化以及持续创新至关重要。这一框架的核心在于确保数据的准确性和连贯性，以支撑企业各个层面的数据分析需求。

为了实现这一目标，企业可以选用如 Apache Flume 或 Fluentd 的开源数据收集框架。这些框架具备强大的数据处理能力，能够高效地处理大规模的日志数据和流数据事件。它们支持灵活的数据路由机制，允许数据从源头（如服务器日志、传感器数据等）无缝发送到目的地（如数据仓库、分析平台等），确保了数据的实时性和完整性。

此外，对于追求更高级别数据管理和分析能力的企业，商业化的数据平台产品如 Splunk Forwarder 也提供了全面的解决方案。Splunk Forwarder 不仅具备数据采集的基本功能，还集成了数据存储、分析和处理以及数据可视化等高级特性。它能够帮助企业从各种复杂的数据源中捕获数据，包括结构化数据和非结构化数据，并进行高效的整合和分析，为企业的业务洞察和决策提供强有力的支持。

（二）分析数据制定优化策略

在数字化转型的深入阶段，企业需要通过细致的数据分析来制定和优化业务策略。这一过程起始于对业务关键性指标的深入拆解，旨在通过细致入微的数据洞察，揭示出隐藏的业务规律和潜在的增长点。为了实现这一目标，企业可以借助先进的数据分析工具，如 SAS 软件，它集数据存取、管理、分析和展现于一体，为用户提供了从基本统计到复杂方差分析等多种统计分析过程，极大地丰富了数据分析的手段和深度。

数据分析师在这一环节中发挥着举足轻重的作用。他们不仅是数据的解读者，更是策略制定的智囊团。面对日益复杂和多变的数据分析需求，数据分析师需要不断提升自身的专业技能，包括熟练掌握 Excel、Python、R、SQL 等数据分析工具，以及深化对统计原理和数据分析方法的理解。同时，他们还需培养敏锐的分析思维，能够从海量数据中提炼出有价值的信息，为企业的决策提供有力支持。

此外，组建一个高效的数据分析团队也是企业数字化转型成功的关键。团队成员之间应具备良好的沟通与协作能力，能够共同应对数据分析过程中的挑战，确保分析结果的准确性和实用性。通过团队协作，企业能够更全面地理解业务数据，制定出更加精准和有效的优化策略，从而推动业务的持续增长和创新。

（三）掌握数据分析工具

在数字化转型的浪潮中，掌握数据分析工具成为企业提升竞争力的关键一环。其中，BI（商业智能）系统作为数据查询与分析的重要工具，正日益受到企业的青睐。BI 系统不仅能够实现业务流程和业务数据的规范化、流程化、标准化，还能够打通不同业务信息系统之间的壁垒，整合并归纳企业内部的各类数据资源。

通过 BI 系统，企业可以充分利用数据可视化的优势，将复杂的数据转化为直观、易懂的图表和报告，从而满足企业不同层级、不同部门对数据查询、分析和探索的需求。这种数据驱动的管理方式，有助于企业更精准地把握市场动态，优化业务流程，提升决策效率。

以思迈特 BI 平台为例，它提供了全面的数据管理与分析功能，包括数据准备、数据接入、数据模型构建、自助 ETL（数据抽取、转换、加载）以及数据可视化等。这些功能共同构成了一站式 ABI 平台解决方案，帮助企业轻松实现数据价值的挖掘与利用。通过思迈特 BI 平台，企业可以更加高效地管理数据资源，提升数据分析能力，进而推动业务的持续增长和创新。

值得注意的是，掌握数据分析工具并不仅仅是学会使用某个具体的软件或平台。更重要的是，企业需要培养一种数据驱动的思维模式，将数据分析融入日常的业务决策和运营管理中。只有这样，企业才能真正发挥数据分析的价值，实现数字化转型的目标。

通过这些策略，中小企业可以提高数据管理与分析能力，从而更好地支持数据驱动的决策过程。

四、智能化应用与创新实践

在智能化应用与创新实践阶段，中小企业通过利用智能化技术和应用来推动业务模式的创新。

（一）智能化系统应用

在数字化转型的深化阶段，应用智能化系统成为企业提升竞争力、降低成本、提高效率与优化服务的重要手段。智能化系统的引入，不仅革新了传统的生产和管理模式，更为企业带来了前所未有的发展机遇。

以智能化生产线建设为例，通过集成先进的传感器、机器人、自动化控制系统等技术，企业能够实现物料的全自动流转，从而显著提高生产效率。这种自动化生产模式不仅减少了人工干预，降低了劳动力成本，还大幅提升了生产线的灵活性和响应速度。① 企业可以根据市场需求快速调整生产计划，确保产品按时交付，满足客户的多样化需求。

同时，智能化生产线还能够有效减少物料积压，优化库存管理。通过实时监控生产过程中的物料消耗和库存情况，企业可以精准预测物料需求，避免过度采购和库存积压带来的资金占用和浪费。这种精细化管理方式不仅提升了企业的运营效率，还增强了企业的抗风险能力。

（二）AI 原生应用

在数字化转型的浪潮中，AI 原生应用的打造成为企业转型升级的重要

① 刘伯俞．制造业中小企业数字化转型对开放式创新的影响研究［D］．济南：山东财经大学，2024：15.

驱动力。AI 原生应用引擎，作为数字化转型过程中的关键工具，正以其独特的优势为企业提供全方位的 AI 赋能。

AI 原生应用引擎面向行业场景和应用需求，精心构建了四大平台能力：Agent 编排中心、知识中心、模型中心及 AI 可信治理中心。这些平台能力通过调用底层的模型和数据集，实现了对数字化转型的精准赋能。Agent 编排中心负责智能任务的调度和执行，确保各项任务能够高效、有序地完成；知识中心则汇聚了丰富的行业知识和经验，为 AI 应用提供强大的知识支撑；模型中心则汇聚了多种 AI 模型，支持企业根据实际需求快速构建和部署 AI 应用；而 AI 可信治理则确保了 AI 应用的安全性、可靠性和合规性。

AI 原生应用引擎具有五大显著优势，分别是智能架构、一致体验、超高效率、“3+1” 安全体系以及广域生态。智能架构使 AI 应用能够灵活适应不同的业务场景和需求，实现智能化升级；一致体验则确保了用户在使用 AI 应用时能够获得流畅、一致的操作体验；超高效率则通过优化算法和流程，提升了 AI 应用的运行速度和响应能力；“3+1” 安全体系则构建了全方位的安全防护体系，确保了 AI 应用的数据安全和隐私保护；而广域生态则通过与其他系统和平台的无缝对接，实现了 AI 应用的广泛集成和协同。

正是这些优势，使 AI 原生应用引擎能够加速 AI 原生应用的创新，成为企业智能应用的超级入口。通过 AI 原生应用引擎，企业可以快速构建和部署各种 AI 应用，实现业务的智能化升级和转型。同时，AI 原生应用引擎还能够为企业提供持续的技术支持和优化服务，确保 AI 应用能够持续发挥价值，为企业创造更多的商业机会和竞争优势。

（三）提升置信水平

在数字化转型的深化阶段，为了推动系统级决策自动化的实现，企业对于AI的期望已经超越了简单的数据识别与初步分析，而是要求其能够精准地识别问题、提出有效的纠正措施，并确保每次的建议都准确无误。这样的高标准要求企业不仅仅要依赖AI的技术能力，更要建立一套完善的闭环反馈机制，以不断优化AI模型，提升其决策的准确性。

灯塔企业，作为行业内的佼佼者，深知AI决策自动化对于企业运营效率和市场竞争力的重要性。因此，它们将闭环反馈机制置于优先地位，通过持续收集和分析AI在实际应用中的表现，不断优化模型参数，提高决策的可信度。这一过程中，企业不仅关注AI的短期效果，更着眼于其长期的稳定性和可靠性，确保在完全移交控制权后，AI能够持续为企业带来价值。

为了实现这一目标，灯塔企业通常会采取一系列措施。首先，它们会建立一套完善的监控体系，实时跟踪AI模型的运行状态和决策效果。其次，企业会鼓励员工积极参与AI的反馈过程，通过实际使用体验来发现潜在的问题和改进点。最后，企业还会利用大数据和机器学习技术，对AI模型进行持续的优化和迭代，确保其能够不断适应市场变化和业务需求。

通过闭环反馈机制的不断优化，灯塔企业不仅提高了AI决策的置信度，还实现了系统级决策自动化的稳步推进。这一过程中，企业不仅获得了显著的运营效率提升，更在市场竞争中占据了有利地位。未来，随着AI技术的不断发展和企业数字化转型的深入，相信会有更多的企业加入这一行列中来，共同推动AI决策自动化的实现。

（四）加强人工智能场景创新要素供给

为了加速人工智能技术的创新与应用落地，加强人工智能场景创新要素供给尤为重要。这一过程中，推动场景算力设施的开放是首要任务。算力设施作为人工智能发展的基石，其开放程度直接影响到AI技术的研发效率与应用广度。因此，政府、企业及科研机构应携手合作，共同推进算力资源的共享与优化，为 AI 场景创新提供强有力的计算支持。

同时，支持举办高水平的人工智能场景活动也是促进 AI 技术普及与应用的重要途径。这类活动不仅能够汇聚行业精英，共同探讨 AI 技术的最新进展与未来趋势，还能为 AI 技术的实际应用提供展示与交流的平台。通过举办场景创新大赛、技术研讨会、应用示范项目等形式，可以激发社会各界对 AI 技术的关注与热情，推动 AI 技术从理论走向实践，从实验室走向生产生活。

此外，拓展人工智能场景创新合作对接渠道也是不可或缺的一环。包括建立 AI 技术与应用需求的对接平台，促进技术供应方与应用需求方的直接沟通与合作；推动产学研用深度融合，加强高校、科研机构与企业之间的协同创新，共同攻克 AI 技术应用中的难点与痛点；加强国际合作与交流，引进国外先进的 AI 技术与经验，推动国内 AI 技术的快速发展与国际接轨。

通过这些策略和实践，中小企业能够在数字化转型的最后阶段实现智能化应用与创新，从而提高企业的竞争力和市场适应能力。

第三节　中小企业数字化转型中数字化生态系统的构建

在数字化转型的浪潮中，中小企业不仅要关注自身内部的变革与升级，更要积极构建与外部环境紧密相连的数字化生态系统。这一生态系统以中小企业为核心，涵盖了合作伙伴、供应链、创新平台以及资源共享等多个方面，共同构成了一个相互促进、共同发展的数字化网络。构建数字化生态系统不仅有助于企业自身的转型升级，还能够推动整个行业的数字化进程，实现更加高效、协同和可持续的发展。接下来，我们将深入探讨构建数字化生态系统的具体策略和方法。

一、合作伙伴与供应链协同

合作伙伴和供应链协同是数字化生态系统中的关键组成部分。通过与技术供应商、行业专家以及其他合作伙伴建立紧密的合作关系，中小企业可以共同推动数字化转型的进程。

（一）建立战略性合作关系

在日益复杂多变的商业环境中，企业为了保持竞争优势，需要积极寻求并建立一系列战略性合作关系。其中，与供应商、物流企业等建立长期稳定的合作关系，是确保供应链稳定运行、降低运营风险的关键举措。

通过与供应商签订长期合同，企业能够锁定原材料或产品的供应价格与数量，从而有效应对市场价格波动和供应短缺等不确定性因素。这种稳定的供应关系不仅有助于企业保持生产计划的连续性和稳定性，还能在一定程度上降低采购成本，提高整体运营效率。

同时，与物流企业建立长期合作关系，同样对企业的发展至关重要。物流企业作为供应链中的重要一环，其服务质量和效率直接影响到产品的运输速度、客户满意度以及企业的市场竞争力。通过签订长期合同，企业可以与物流企业共同制定优化的物流方案，提高运输效率，降低物流成本，并确保产品能够准时、安全地送达客户手中。

此外，建立战略性合作关系还能促进企业与合作伙伴之间的信息共享和协同创新。在合作过程中，双方可以共同分析市场需求、优化产品设计、改进生产工艺，从而不断提升产品质量和服务水平，增强企业的市场竞争力。

（二）加强供应链信息化建设

在日益激烈的全球化市场竞争中，加强供应链信息化建设已成为企业提升竞争力、确保供应链稳定性和高效性的关键策略。通过充分利用大数据、物联网（IoT）、人工智能（AI）等前沿技术，企业能够实现供应链各环节信息的实时共享，从而大幅提升供应链的透明度与反应速度。

具体而言，物联网技术可以在供应链中发挥至关重要的作用。通过在货物上安装传感器或使用 RFID 标签，企业能够实时追踪货物的位置、状态以及环境条件，确保物流信息的准确性和实时性。[①] 这不仅有助于企业精确掌握货物的运输进度，还能及时发现并处理潜在的延误或问题，有效避免供应链中断的风险。

大数据技术的应用则为企业提供了更深层次的分析与洞察能力。通过对供应链数据的挖掘与分析，企业可以预测市场需求、优化库存水平、改进生产计划，并据此调整供应链策略，以应对市场变化。这种基于数据的决策方式，使企业能够更加精准地把握市场动态，提升供应链的整体运营效率。

同时，人工智能技术的引入进一步提升了供应链的智能化水平。AI 算法可以自动化处理大量的供应链数据，识别出潜在的效率瓶颈和风险点，并提出优化建议。此外，AI 还可以通过机器学习不断自我优化，以适应供应链环境的不断变化，为企业带来持续的效益提升。

（三）优化与简化供应链流程

在日益激烈的全球市场竞争中，优化与简化供应链流程已成为企业提升竞争力、降低成本并快速响应市场需求的关键策略。企业需不断审视并

① 刘丹，马健．数字经济赋能中小企业高质量发展案例解析——以日本中小企业为例［J］．商场现代化，2024（18）：137-139.

精简供应链中的冗余环节，如过多的中转站、重复的数据录入等，这些不仅消耗资源，还延长了产品从生产到交付的周期。

为了实现这一目标，企业可以采取流程重组的方式，重新设计供应链流程，去除不必要的步骤，确保每个环节都能高效运作。同时，自动化技术的应用也至关重要。通过引入自动化设备，如自动化仓库系统、智能分拣设备等，可以大幅减少人工操作，提高作业效率，降低人为错误率。

此外，标准化操作也是优化供应链流程的重要手段。通过建立统一的作业标准和流程规范，可以确保供应链各环节之间的无缝对接，减少沟通成本和时间延误。这不仅有助于提升整体运营效率，还能增强供应链的灵活性和适应性，使企业能够更好地应对市场变化。

（四）风险共担与应对

在协同的供应链体系中，风险共担与应对成为一种重要的合作模式，这种模式强调合作伙伴之间的紧密合作与相互支持。当市场出现波动，如原材料价格波动、需求突变或突发事件如自然灾害、疫情等发生时，单一企业往往难以独自承受由此带来的风险压力。然而，在协同供应链中，合作伙伴之间能够迅速建立沟通机制，共同面对挑战，共同分担风险。

这种风险共担机制的实现，依赖于供应链各节点企业之间的信任与信息共享。通过定期召开会议、建立信息共享平台等方式，合作伙伴可以及时了解市场动态和彼此的经营状况，从而对市场变化做出快速响应。当风险来临时，各方能够迅速集结资源，共同制定应对策略，如调整生产计划、优化库存管理、开拓新市场等，以减轻风险对供应链整体的影响。

此外，风险共担机制还有助于提高整个供应链的韧性。通过共同应对风险，供应链各节点企业能够积累更多的应对经验和资源，提升自身的风险抵御能力。同时，这种合作模式也能够增强供应链的整体稳定性和可靠性，使其在面对外部冲击时能够迅速恢复并继续高效运作。

二、开放式创新平台与资源共享

开放式创新平台是数字化生态系统中促进知识共享和创新的重要工具。通过建立开放式创新平台，中小企业可以与合作伙伴共享资源和知识，加速创新进程。

（一）核心参与者的知识共享行为

在开放式创新平台中，核心参与者的知识共享行为是推动平台创新性发展的关键动力。这一行为不仅受到个人层面多种因素的深刻影响，还受到环境层面多重因素的协同作用。

从个人层面来看，自我效能是核心参与者对自身知识共享能力的一种信念，它影响着个体是否愿意在平台上分享自己的知识和经验。当核心参与者对自己的知识共享能力充满信心时，他们更有可能积极参与平台的知识共享活动。结果期望则是指核心参与者对知识共享行为可能带来的积极结果的预期，如提升个人声誉、增强行业影响力等。这种预期会激励他们更加积极地参与知识共享。① 此外，动机因素也是影响核心参与者知识共享行为的重要因素，包括内在动机（如追求个人成长、实现自我价值）和外在动机（如获得物质奖励、职业晋升机会等）。

环境层面同样对核心参与者的知识共享行为产生重要影响。社会认同是指核心参与者在平台上感受到的归属感和认同感，这种认同感会促使他们更加积极地参与平台的知识共享活动，以维护自己作为平台一员的身份和地位。企业支持则是指企业对核心参与者知识共享行为的鼓励和支持，如提供必要的资源、搭建良好的交流平台等。这些支持措施能够激发核心参与者的积极性，促进他们更加主动地分享知识。平台氛围也是影响核心

① 刘军波．杭州：助力中小企业数字化转型第一批企业科技特派员出征［J］．今日科技，2024（8）：40.

参与者知识共享行为的重要因素，开放、包容、互助的平台氛围能够激发核心参与者的共享意愿，促进知识的交流与传播。

（二）创新平台的构建与维护

在开放式创新平台的构建与维护过程中，企业扮演着至关重要的角色。为了打造一个充满活力、高效运作的数字生态系统，企业必须精心策划并耐心实施一系列战略举措，以确保平台的长期稳定和繁荣发展。

首先，企业需要明确自身的战略定位和价值主张。这不仅关乎企业自身的核心竞争力，更是吸引合作伙伴的关键所在。一个清晰、有吸引力的价值主张能够激发合作伙伴的兴趣，促使他们积极参与平台的共建与共享。

在确定了战略定位后，企业需积极寻找并吸引合适的合作伙伴。一个成功的数字生态系统离不开多元化、跨行业的合作伙伴团队。这些合作伙伴可以来自不同的领域，拥有各自独特的资源和能力，但共同的目标是推动创新、提升效率。通过广泛招募合作伙伴，企业能够拓宽资源渠道，实现更高效的资源整合和创新协同。

同时，为了维护平台的稳定运行和持续发展，企业还需不断优化平台的运营机制和管理体系。包括建立明确的合作规则、沟通渠道和利益分配机制，以确保合作伙伴之间的权益得到保障，合作过程顺畅无阻。此外，企业还需定期评估平台的运营效果，及时调整战略和合作伙伴团队配置，以适应市场变化和技术发展。

（三）资源共享与协同创新

在当今快速变化的市场环境中，中小企业面临着前所未有的挑战与机遇。为了抓住发展机遇，提升自身竞争力，中小企业应积极对接产业链、供应链中的核心企业、行业龙头企业以及园区或产业集群等丰富的生态资源。这些资源不仅为中小企业提供了更广阔的市场空间和发展机遇，还为其数字化转型提供了强有力的支撑。

基于工业互联网平台，中小企业可以深化与核心企业和龙头企业的协作配套，实现生产流程的无缝对接和高效协同。工业互联网平台通过集成物联网、大数据、云计算等先进技术，打破了传统生产模式中的“信息孤岛”，使中小企业能够实时获取生产数据、市场需求等信息，从而更加精准地把握市场动态，优化生产决策。

同时，中小企业还可以利用共性技术平台开展协同创新。共性技术平台作为连接产学研用各方的桥梁，汇聚了丰富的技术资源和创新力量。中小企业可以通过参与共性技术平台的研发项目、技术交流会等活动，与高校、科研机构等创新主体建立紧密的合作关系，共同攻克技术难题，推动技术创新和产业升级。

在对接生态资源和深化协作配套的过程中，中小企业还可以从数字化水平和企业经营管理水平等方面对数字化转型成效进行评估。通过对比分析自身在数字化建设、生产效率、产品质量等方面的表现，中小企业可以更加清晰地认识到自身在数字化转型中的优势和不足，从而根据现阶段的资源禀赋和转型现状，调整数字化转型策略，确保转型工作的顺利推进。

通过这些策略，中小企业可以构建一个强大的数字化生态系统，促进合作伙伴之间的协同工作，共享资源和知识，共同推动数字化转型的进程。

第五章

中小企业数字化转型的案例研究与经验借鉴

前面章节主要对中小企业数字化转型的理论进行分析，本章通过对一些成功案例的分析与借鉴，探究中小企业数字化转型的重要意义。这些成功案例也启示更多的中小企业应根据自身实际情况和需求，制订具体的转型计划和策略，并注重技术创新、人才培养、数据安全和隐私保护等方面的工作。

第一节　制造业数字化转型案例

一、背景介绍

WY 管业始于 1965 年，最初以集体企业的形式成立，后在 1978 年 6 月重新注册，并转由梧州市城镇集体工业联社主管。2001 年，响应中央政策号召，企业成功改制为有限责任公司。至 2017 年，经过股权结构的调整，公司正式启动了上市计划。① 然而，2019 年的上市尝试未能如愿，这一挫折促使企业下定决心踏上数字化转型的新征程。

作为广西地区的塑料管道龙头企业，WY 管业专注于各类塑料管材的生产与销售，其品牌管道在广西市场的占有率高达 90%以上，充分展现了公司的技术实力与行业地位。企业管理层始终致力于企业的经营管理，不仅为广西的经济发展与就业贡献力量，还积极规划上市，寻求新的发展机遇。

然而，作为传统制造业企业，WY 管业面临着行业固有的挑战，如原材料采购成本高、经营范围受限、获客能力有限以及行业集中度高等问题。这些难题不仅阻碍了企业的进一步发展，也影响了其上市进程。在国家大力发展数字经济的背景下，企业高层敏锐地捕捉到这一机遇，希望通过数字化转型来摆脱当前的困境。

回顾 WY 管业的发展历程，可以看出它是一家典型的中小制造业企业。面对现有模式的弊端，企业高层未雨绸缪，积极寻求变革。在地方政

① 申玉芬. 数字经济时代工商管理创新对中小企业数字化转型的影响 [J]. 上海商业，2024 (8)：44-46.

策的支持下，WY 管业制订了科学合理的数字化转型计划，旨在降低成本、提高效率，并为企业未来的发展奠定坚实基础。因此，将 WY 管业作为数字化转型的案例研究对象，不仅具有代表性，还能为其他传统制造业企业提供有益的借鉴。

二、转型动因

（一）外部动因分析

从国家战略的宏观视角来看，“十四五”规划和 2035 年远景目标明确指出了中国未来的发展方向：坚持以实体经济为基础，致力于建设制造强国和质量强国，推动先进制造业与现代服务业的深度融合，并持续加强基础设施建设。① 在这一宏伟蓝图中，传统产业的数字化转型被视为推动中国经济高质量发展的关键驱动力。对于传统制造业企业，特别是中小企业而言，数字化转型不仅是突破当前发展瓶颈的必由之路，更是一个千载难逢的历史性机遇。

从地区发展的角度来看，梧州面临着工业结构不合理的挑战。高能耗、重污染的传统工业仍占据主导地位，产业附加值较低。因此，去除无效产能、推进供给侧结构性改革成为梧州市委的重点工作。这一转型进程对塑料管道等传统制造业领域产生了显著影响。数据显示，梧州市正逐步优化产业结构，第二产业对经济增长的贡献率高达 60.7%，但同时也迫切需要向智能化、数字化和绿色化转型。

从行业发展的层面分析，塑料管道行业作为低技术密集型的制造业领域，在过去三十年的发展中，我国的技术水平已与欧美国家基本持平。然而，由于技术门槛相对较低，企业间的竞争主要集中在成本和运营效率

① 徐铭辰，刘衡．先进制造企业数字化转型及其赋能中小企业模式研究［J］．价格理论与实践，2024（6）：143-148.

上。原材料成本在塑料管道成本构成中占比较大，单纯依赖规模扩张难以构建竞争优势。

此外，塑料管道行业的下游市场主要面向基础建设领域，其需求与下游发展紧密相关。随着我国城镇化率的逐年提升，市场规模增速逐渐放缓并趋于饱和。在这种背景下，准入门槛较低的存量市场竞争异常激烈，传统商业模式难以维系，企业开始通过低价策略争夺市场份额。然而，由于管道行业利润微薄且竞争白热化，企业不得不寻求新的业务模式，而数字化转型正是其中的重要探索方向之一。

在国家战略、地区发展和行业需求的多重驱动下，数字化转型已成为传统制造业企业，尤其是中小企业实现可持续发展的关键路径。对于梧州这样的地区来说，通过数字化转型不仅可以优化产业结构，提升经济质量和效益，还能为企业带来新的增长点和竞争优势。塑料管道行业作为典型代表，通过拥抱数字化技术，有望在激烈的市场竞争中脱颖而出，实现高质量发展。

（二）内部动因分析

经过长时间的稳健发展，WY 管业渴望拓展更广阔的发展空间，将上市视为进一步发展的里程碑。然而，其上市之路却布满了荆棘，面临着多重严峻挑战。首要难题在于，作为传统制造业的一员，WY 管业对投资者的吸引力相对不足。① 其次，其核心产品——塑料管道的主要原材料如聚氯乙烯、聚丙烯、聚乙烯等成本占比极高，加之行业集中度较高，导致企业在原材料市场上的议价能力相对较弱。再者，虽然企业已建立覆盖广西及广东部分地区的销售网络，但主要依赖经销商，因此在上市审核过程中，深交所对企业的客户获取方式及独立获客能力提出了质疑。

---

① 魏珠丽．中小企业数字化转型的困境及应对措施［J］．辽宁经济职业技术学院，2024（4）：50-52.

从生产层面深入分析，高昂的生产成本严重制约了企业的竞争优势。尽管企业在当地享有良好的声誉和较高的市场份额，产品本身也无明显瑕疵，但招股说明书显示，企业的利润率仅为10%左右。其中，原材料成本占比高达60%，职工薪酬占营业额的10%，其余生产成本则占据了剩余的30%。因此，为了提升盈利能力，企业必须对现有的生产流程进行深刻变革。

从经营层面来看，企业面临着巨大的资金需求压力。原材料需要提前采购，经销模式以及通过招投标承接的政府项目都需要庞大的资金支持，同时回款周期相对较长，而企业自身却面临着融资渠道有限的困境。在当前人工智能、大数据、云计算等技术广泛渗透，传统制造业企业纷纷推进数字化、智能化转型的大背景下，WY管业也在积极探索数字化转型的新道路，以期在激烈的市场竞争中求得生存和发展。

三、转型策略

自2019年起，WY管业积极投身于数字化转型的大潮，专门组建了数字化技术团队，旨在顺应市场发展趋势，探索创新业务模式，并通过提升产品附加值来增强企业的净利润。然而，在推进过程中，企业还面临着两大亟待解决的核心难题：

一方面，尽管生产部门的各条产线产生了庞大的数据量，但这些数据却处于分散状态，缺乏有效的内外部交换机制，导致企业数据成为“信息孤岛”。这些数据不仅难以被充分利用，而且企业内部员工也尚未具备将数据有效融入生产流程中的能力和素质。数据处理流程相对简单，且缺乏统一的数据标准和规范，这无疑极大地限制了数据价值的最大化。

另一方面，尽管企业在数字化转型的方向上达成了共识，但在探索新商业模式的过程中却显得迷茫。企业缺乏明确的业务逻辑和发展方向，这使得数字化转型的推进变得举步维艰。如何在数字化转型的浪潮中找到一条适合自己的发展道路，成为 WY 管业当前亟须解决的关键问题。

（一）数字化转型方案所需条件分析

在推进数字化转型的过程中，制造业中的中小企业往往受限于自身条件，难以主动引领变革潮流。WY 管业同样意识到了这些现实挑战，因此选择了顺应主流趋势进行被动转型的策略。为了顺利推进数字化升级，企业从底层基础设施、技术支持体系、宏观环境分析以及政府政策助力四个维度进行了全面布局。

在底层基础设施建设上，企业高度重视软硬件的双重投入。硬件层面涵盖了传感器、边缘网关、芯片控制器、工业存储器等一系列核心基础设施；软件层面则包括云服务平台、工业互联网软件、数据处理系统等，以确保数据的顺畅流转与高效利用。企业已与致远互联、广州数控和利时、用友等国内顶尖的运营服务商建立了紧密的合作关系，共同推动软硬件的集成与优化升级。

在技术支持体系构建上，企业着力打造复合型人才团队，涵盖数据应用开发、产品研发等多个领域。依托自身在塑胶管道行业的深厚积累与专业研发团队，企业还与广东旭丰工业互联网企业达成了初步合作协议，通过定向辅导和输送工业互联网相关人才，以及开展内部员工培训，形成了全流程的数字化转型人才供应链，为企业的持续稳健发展提供了坚实支撑。

在宏观环境分析方面，企业敏锐地把握住了国内数字化发展的浪潮。各行业领军企业及供应链核心企业纷纷推进或完成了相关改革，制定了标准和技术规范。同时，国务院政府工作报告和工信部也明确发文支持产业发展，指明了清晰的发展方向。尽管各行业和各企业的发展步伐有所不同，但预计最终都将汇入数字化转型的大潮中。这为企业提供了加速转型、发挥自主创新能力、利用机遇实现弯道超车的良好契机。然而，塑料管道行业协会在标准制定方面尚未有实质性进展，这给企业带来了一定的不确定性，其先行先试能否成为行业标杆仍有待观察。

在政府政策助力上，梧州市政府金融办公室对 WY 管业的数字化转型给予了高度重视与大力支持。多次深入调研显示，WY 管业的数字化转型与国家号召及市委规划高度契合。针对梧州地区金融机构相对较少、金融对实体经济支持力度不足、产业集群融资渠道单一等问题，政府开展了专项调研活动，旨在帮助 WY 管业拓宽融资渠道，为其他产业企业的发展树立标杆和典范，从而激发本市企业的积极性。政府的这些举措充分彰显了对企业数字化转型的扶持与推动力度。

（二）数字化转型方案主要目标分析

本节将深入探讨 WY 管业在推进数字化转型过程中，针对前文提及的“瓶颈”问题所采取的具体策略，主要聚焦于企业发展战略的调整、战略伙伴的整合以及融资渠道的拓宽，旨在克服数字化转型中的资金与经济困难。

在企业发展战略的调整上，企业巧妙地运用数字化技术实现“开源”与“节流”的双重效益。通过优化生产流程、提升运营效能、实施精准营销策略等手段，企业不仅有效降低了成本，还成功开拓了新的市场机遇与收入来源，显著增强了企业的市场竞争力。

在战略伙伴的整合方面，WY 管业采取了内外联动的策略。对于企业内部而言，企业致力于提升数字化能力，不断加强数字化团队建设，与工业互联网等领域的领军企业建立深度合作关系，共同探索数字化转型的新模式，并积极与高校及研究机构合作，引入数字化人才，为企业的数字化转型提供坚实的人才支撑。① 对于外部而言，企业积极与产业协会、金融

① 吴敏．企业所得税优惠对于制造业中小企业数字化转型的影响研究［D］．北京：中国财政科学研究院，2024：13.

机构及政府相关部门建立紧密联系，紧跟行业发展规划与政策导向，争取参与各类标准与指标的制定工作，以期在未来能够快速融入数字经济生态，把握发展机遇。

在融资渠道的拓宽上，企业采取了多元化的融资策略。一方面，企业融入供应链金融体系，通过优化供应链管理，提升资金运作效率，降低融资成本；另一方面，企业紧跟银行及非银行金融机构的数字化步伐，利用金融科技手段拓宽融资渠道，提升融资效率。此外，企业还积极引入外部资本力量，通过股权融资、债权融资等多种方式，为数字化转型提供充足的资金保障。

综上所述，WY 管业在推进数字化转型的进程中，通过调整发展战略、整合战略伙伴以及拓宽融资渠道等策略，有效解决了资金与经济方面的难题，为企业的长期繁荣奠定了坚实基础。

1. 企业发展战略转变

基于实际需求，企业围绕利用数字化技术实现“开源节流”这一核心理念，迅速行动起来，优先解决那些能在短期内见效的项目，以此为契机推动长期规划的稳步实施。

在“节流”方面，企业致力于降低生产成本和边际成本。通过整合生产数据，企业优化了管材成型的配料比率模型样本库，显著提升了原材料的利用率。同时，引入数字中控平台，实现了对生产设备的远程操控和自动化管理，大幅减少了生产线员工数量。即便是在劳动力资源相对充裕的广西地区，企业也面临着人工成本上升和招工难题。数字中控平台的引入，使企业成功缩减了约 1/3 的产线员工，有效降低了劳动力成本。此外，企业还运用数字孪生、工业 App 等技术手段，对生产设备进行智能化维护，进一步降低了工厂的总体运营成本。高管团队能够实时获取生产动态，从而做出更加精准高效的决策。

在“开源”方面，企业积极探索创新商业模式，旨在提升毛利率并拓展新市场。企业的业务布局主要分为两大方向：一是固有模式的数字化升级，二是利用数字化技术开拓新市场。

在固有模式的数字化升级上，企业为原有管材配备了传感器，以满足环保标准和要求。在管材销售价格保持不变的前提下，企业针对后续水质监测服务（包括数据采集与处理）进行单独计费。这一举措不仅积极响应了国家绿色制造的号召，还充分利用了绿色金融和绿色信贷的政策红利。通过传感器实时监测企业排污数据并上传至数字化平台，政府和金融机构能够实时掌握企业的排污状况，确保绿色金融和绿色信贷政策的精准执行。同时，制造业企业特别是中小企业也能通过该平台实时反馈排污数据，作为自证材料，向政府和金融机构申请绿色信贷或绿色金融支持。

在利用数字化技术开拓新市场方面，企业结合数字技术，为传统管道业务打造了全新的商业模式。针对塑料管道在使用一定年限后可能出现的爆裂、故障等问题，企业为老客户加装传感器，确保在管道出现问题时能够迅速发现并准确定位问题区域。这种管材维保服务不仅毛利率高，还能为客户提供卓越的使用体验，增强客户黏性。类似这种纵向一体化发展的商业模式在电梯、电力、建筑等行业已取得成功实践，市场反响热烈。

2. 引入战略合作伙伴

在全力推动数字基础设施建设、提升数字化能力以及拓展数字经济业务范围的过程中，WY 管业基于其规模与实力，深刻认识到仅凭自身力量难以全面实现数字化转型的目标。因此，公司决定在战略转型及长远规划中引入战略合作伙伴，这一策略覆盖了内部和外部两个维度。

在内部层面，WY 管业致力于构建企业级数字平台，并不断加强数字化团队建设，以提升企业的整体数字化能力。为此，公司与广州 XF 工业互联网等业界领先企业携手合作，共同开发了集 PaaS、IaaS 于一体的全流程企业级工业互联网 App 平台。该平台不仅优化了企业的生产流程，还显著提高了整体运营效率。同时，为了培育数字化人才，WY 管业积极与广西及广东地区的高校建立合作关系，包括广东 EF 大学、JN 大学等，充分利用这些高校在数字经济和数字化转型领域的智力资源，持续提升企业的数字化水平。值得一提的是，前文提及的企业发展战略调整正是在广东 EF 大学研究团队的调研报告基础上制定的，WY 管业对该团队的调研工作给予了大力支持。

在外部层面，WY 管业积极与产业协会进行数字化对接，并努力与政府及金融机构建立紧密的合作关系。当前，其他产业互联网平台已经着手产业链内中小微企业的数据收集工作，并与银行合作建立三方信用评级体系（例如布业、有色金属、化工及日用品等产业协会与建设银行等金融机构的合作）。尽管在撰写本节时，塑料管道行业尚未出现类似的企业平台，但 WY 管业已在公司治理层面预留了数据接口，为未来与这些平台的对接做好了充分准备。此外，公司还积极与政府及金融机构沟通接洽，争取参与各类指标和标准的制定工作，以期在未来能够快速融入数字经济体系中，抓住发展机遇。

通过这些内部和外部的合作与努力，WY 管业正稳步推动其数字化转型进程，为企业保持领先优势奠定坚实基础。

四、转型规划

在当前的发展阶段，企业正全面布局其数字化升级蓝图，该蓝图被精心划分为以下三大核心板块：首要且关键的一环是数据全流程的开发与实战应用。具体而言，企业旨在将其财务数据、生产数据、业务端数据以及覆盖企业全链条的考核数据进行整合，以此作为基石，搭建一个全方位的数据平台。该平台的核心使命是实现企业内部数据的无缝横向连接，确保信息流的高效畅通。为了生动展现这一数字化转型的体系架构，企业已借鉴了图 5-1 所示的示意图来指导其规划工作。

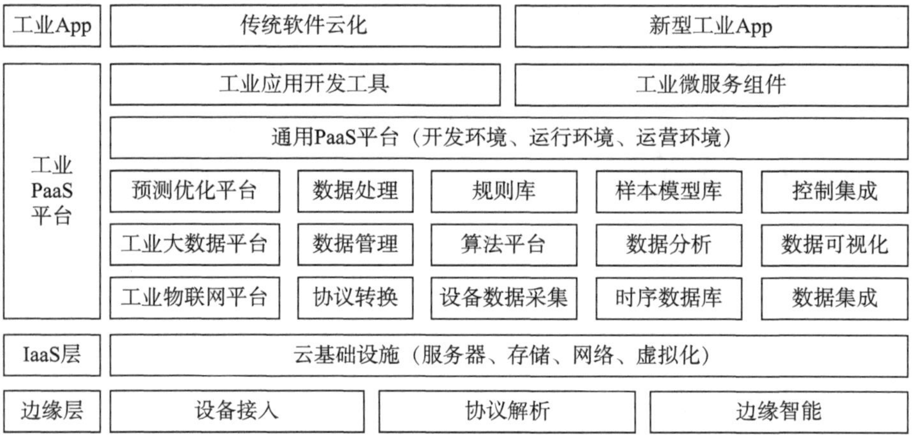

图 5-1　系统架构图

工业 App，作为软件应用层（SaaS）的关键组成部分，为企业量身定制了一系列专业化的应用系统，这些系统覆盖了生产、设备管理、质量控制、能源管理等多个维度。这些应用不仅成功地将传统软件云化，实现了原有企业内部系统与新系统的无缝衔接，如决策分析、生产管控、质量管理、设备运维、供应链优化等，还创新性地推出了设备实时监控、预测性维护、能耗深度分析、专家系统优化及视频智能巡检等全新服务，以全面满足企业多元化的需求。

在技术层面，企业依托强大的工业 PaaS 平台，该平台深度融合了大数据平台、物联网平台以及其他内部生产资料管理系统，构建起了坚实的技术底座。① 工业互联网技术将企业内部设备紧密相连，实现了设备间的无缝交互与高效协同；工业大数据平台则负责海量数据的存储与深度分析，通过数据的集成与智能分配，如预测优化平台的运用，对生产线进行精确控制与智能决策，从而显著提升企业的生产效率。此外，边缘层通过部署边缘计算器与高精度传感器，实时采集生产现场数据，并利用内置的丰富

① 吴楠，李昊巍，许莉新，赵安琪．工业互联网赋能中小企业“链式”数字化转型——以江苏省为例［J］．智能制造，2024（4）：14-17.

协议库适配各类设备的通信协议，确保数据的准确性与时效性。

在云平台规划方面，企业正全力打造企业级数据中心，以支撑主数据的高效使用。数字平台流程如图 5-2 所示，尽管行业在推动塑料管道业资源分类与代码标准的发布方面已取得一定进展，但企业仍需等待行业协会与其他企业的共同认可与推广，以进一步完善物资大类的代码体系。在此期间，企业已自主编制了一套内部使用的数据模板，对历史数据进行全面清洗与整理，对实时数据进行标准化处理，确保数据库的完整性与规范性。数据平台统一接收并整合各部门的数据，各部门则根据自身业务需求对数据进行策略性分析与深度应用。同时，企业积极响应政府主导的智慧城市、数字化城市建设号召，严格按照相关要求与标准准备数据及数据库接口，为后续的商业模式创新与转型奠定坚实基础。

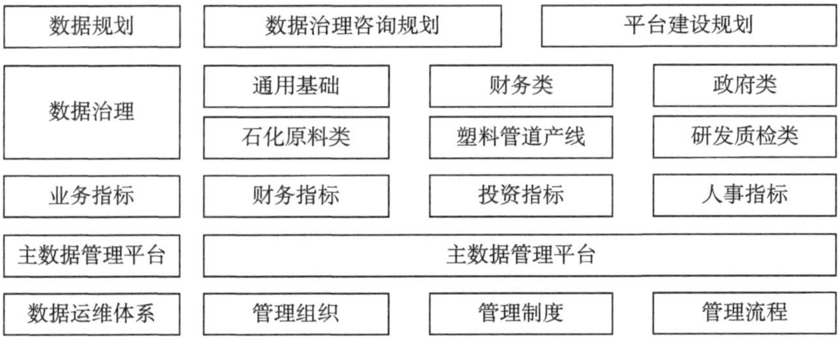

图 5-2　数字平台流程图

此外，企业还精心制订了针对塑料管道的智能制造战略规划。通过对塑料管道设备及生产线的深入调研与信息系统综合分析，企业重新规划了业务流程、交互架构及数据流通路径，并在此基础上实施智能制造计划，以期实现生产效率与产品质量的双重提升。

塑料管道的生产流程始于粉状或颗粒状的固态原料，历经一系列精密工序，涵盖原料配比、混合、加热塑化及挤出成型，最终制成管道产品。

五、改进机制

结合前一节对企业综合经济效益的深入评价与分析，我们可以明确地认识到，数字化转型所催生的积极成效主要源于企业内部的一系列显著改善。这些改善直接体现在劳动生产率、单位产品成本、流动资金周转天数以及产值资金率等一系列核心经济指标上。在此基础上，本部分将细致剖析案例企业在完成数字化转型后，其经济效率得以飞跃提升的具体路径。

（一）生产环节

生产环节效益的提升效果既直接又显著。流程如图 5-3 所示，它赋能一个工人即可操控多台设备，从而极大提升了劳动生产率。

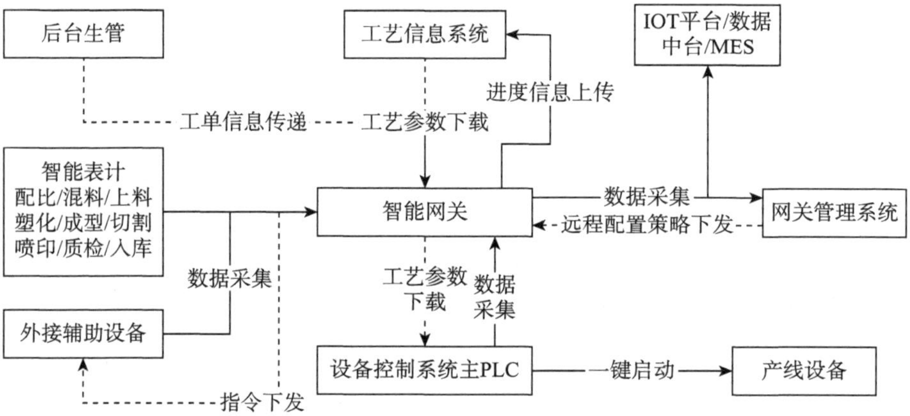

图 5-3　生产流程图

劳动生产率的提升与单位产品成本的降低，主要得益于底层工控设备及产线的革新。这些改造促使车间工人数量减少了 30%，工人能够跨越多台设备进行高效操作，并借助后台预警系统，使得劳动生产率的增长速度远超主营业务收入的增长速度。尤为值得一提的是，企业数字化转型初期的合作成本仅为 200 万元，彰显了数字化转型的高投资回报率。

流动资金周转天数的缩减则主要归因于三大因素。首先，企业成功拓展了广东市场，营业收入的攀升直接加速了资金的回笼。其次，公司凭借工业数字平台对生管、仓管、派单等关键环节进行了流程优化，显著降低了企业流动资产中的存货水平。最后，新商业模式的引入也发挥了关键作用。通过提供定制化服务和维保业务，企业得以加速款项回收。相较于传统模式，账期从 1 年及以上大幅缩短至 3~6 个月，这使得产值占用的流动资金比例大幅下降，进一步加速了资金周转效率。

（二）经营模式

经营模式的转变主要体现在两大方面。一方面，通过定制化服务的提供，精准满足客户的个性化需求。鉴于 WY 管业所生产的塑胶管材广泛应用于多个领域，而不同的下游应用场景对管材的厚度、材料等有着各异的要求。以往，受制于机器参数调整、混料配比成本、人工费用及研发费用等因素，企业往往根据客户规模的大小来决定是否承接定制化订单。

然而，随着数字化平台的引入，定制化成本得到了大幅下降，企业得以轻松应对客户的个性化偏好。如图 5-4 所示，企业现在能够在后台灵活调整产品工艺信息，以满足客户的具体需求，实现了从大规模标准化生产向个性化数字化生产的顺利转型。这一转变不仅极大地拓宽了企业的客户基础，还显著增强了客户的忠诚度。

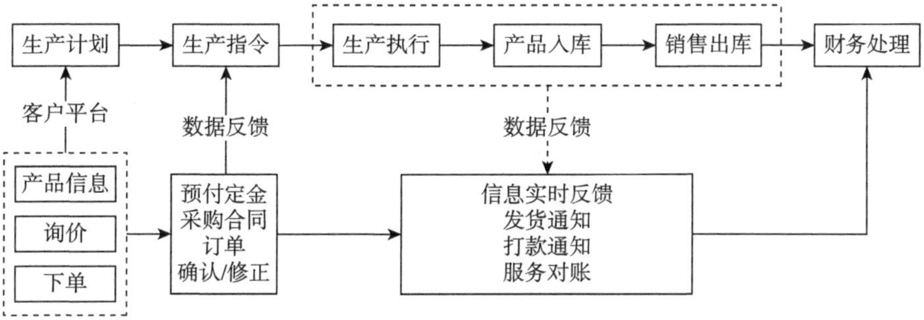

图 5-4　定制销售模式流程图

数字化平台所汇集的丰富的产线数据，为企业的研发部门提供了强有力的信息支撑。通过对这些数据的深入挖掘与分析，研发部门能够精准识别生产工艺中的短板，并据此实施有针对性的优化措施，从而有效降低生产成本。这种以数据为驱动的优化策略，不仅大幅提升了生产效率，还显著增强了企业的市场竞争力。

另一个经营模式的转变方向是通过为管道安装传感器，开辟出维保业务和绿色管道等创新的商业模式。如前文所述，维保业务原本主要服务于大客户，旨在维护客户关系。然而，传统维保业务面临的一大挑战在于，塑胶管道大多铺设于地下，一旦出现故障，定位与修复这些管道就会极为耗时费力。

但通过为管道装备传感器，并借助工业大数据平台监控管道的异常数据，WY 管业能够迅速响应并将这些信息传达至中台，从而提供精确的维保服务。这一创新举措不仅大幅提升了维保服务的效率，更为企业开辟了新的客户获取渠道。① 客户因对精准维保服务的高度认可，更倾向于与企业建立长期合作关系。

维保业务的拓展还带来了额外的优势，即促进了客户的二次销售。在管道更换时，损坏部分通常会被纳入维保费用，这意味着企业在提供维保服务的同时，也获得了管道更换等相关产品的销售机会，如图 5-5 所示。

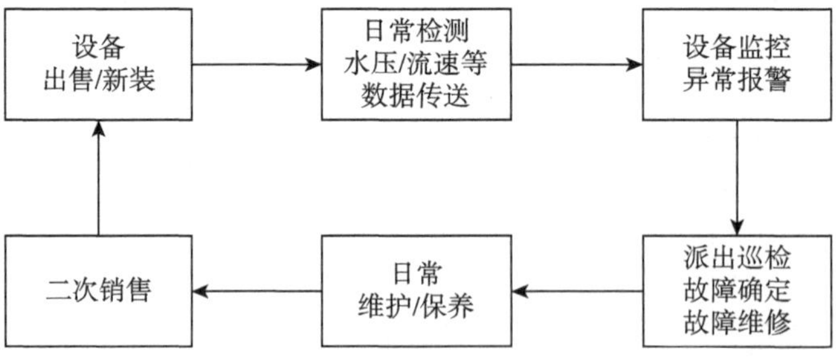

图 5-5　维保业务模式流程图

① 伍婵提，吴丽果．宁波大力培育数字化服务商加快推进中小企业数字化转型的对策研究［J］．宁波经济，2024（9）：13-17.

绿色管道业务与维保业务在核心理念上异曲同工。这一业务主要聚焦于监测管道中工业废水的特定指标异常值，确保管道排放的废水达标。通过为管道安装传感器并提供实时监测服务，企业不仅为客户提供更环保、更可持续的解决方案，还进一步巩固并扩大了客户基础。

中小企业内部的数字化转型之旅其实并不繁复，企业已明显感受到的经济效益提升，主要归功于前文中所述的各个关键环节。尽管数字化转型的一个重要愿景——拓宽融资渠道——仍处于与银行协商阶段，尚未落地，但这并未削弱企业在其他领域取得的显著成果。

WY 管业在数字化转型的征途中，对于企业管理及内部控制流程所带来的外部效益，尚难以进行精确的量化评估。这些效益的影响深远且错综复杂，难以精确衡量它们对经济成效的具体贡献度。然而，我们依然有理由相信，随着数字化转型的持续深化，这些外部效益将逐渐浮出水面，并对企业的长远发展产生积极的催化作用。

综上所述，中小企业在数字化转型的进程中已经收获了显著的经济效益，尽管融资渠道拓展等部分目标仍在协商之中，且外部效益的量化存在挑战，但这些都不妨碍数字化转型作为企业整体发展重要推手的角色。

六、总结建议

产业数字化是一个宏大的目标，其实现需要构建一个健全的数字经济生态，推动产业链内数字化全流程的普及，并持续推动企业内部数字化升级。这些任务的完成绝非一朝一夕之功，它们依赖于软硬件设施的完善、政策法规的健全，以及人才的培养与引进等诸多关键要素。然而，对于中小企业而言，企业内部的数字化转型已具备了相对成熟的配套解决方案和基础软硬件设施的支持。

WY 管业作为传统制造业中小企业的一个典型代表，其在数字化转型过程中遇到的难题，也是众多制造业中小企业共同面临的考验。中小企业由于规模较小、市场规模有限、技术力量相对薄弱，往往难以承受转型的巨大压力和潜在风险。同时，资金、技术、人才等关键资源的匮乏，也严重制约了其数字化转型的步伐。

针对上述问题，本节提出以下建议，旨在支持和促进中小企业加快数字化转型：

第一，地方政府应发挥惠企政策的引领作用，为中小企业数字化转型提供助力。在疫情和国际形势变化的双重影响下，中小企业的生存发展面临严峻挑战。地方政府应积极响应国家“十四五”规划、数字经济发展规划等战略部署，通过实地调研，深入了解本地区中小企业的实际情况，因地制宜、因企制宜、因行业制宜地制定切实可行的扶持政策。以 WY 管业为例，地方政府通过深入调研和精准施策，为其数字化转型提供了有力的政策保障。

第二，加速推进数字化技术在中小企业融资中的应用，为其赋能。数字化转型是一个复杂的系统工程，需要银行、非银金融机构、信用评级机构等多方力量的共同参与。为解决中小企业融资难的问题，国家一直在积极倡导创新融资方式。地方政府和金融机构应逐步完善基于经营数据的授信体系，规范税收制度，鼓励企业公开真实经营数据，以科技为驱动，加速信息交互过程，推动供应链金融和数字化升级的深度融合。

第二节 服务业数字化转型案例

一、案例特色

海默科技（集团）股份有限公司（简称海默科技）是兰州高新区一家领先的高科技民营上市企业，专注于石油设备制造、油田技术服务及非常规油气勘探开发领域。自成立以来，海默科技以其核心产品多相流量计在油气勘探检测中发挥了关键作用，并成功将这些产品出口至中东、美国等多个国际市场。2010 年 5 月，海默科技在深圳证券交易所创业板成功上市，标志着公司发展的一个里程碑。

随着经营经验的不断积累和整体实力的持续提升，海默科技在原有的出口导向型业务基础上，积极探索并拓展新型业务模式。公司以油气勘探服务为核心，不断提升服务质量和水平。截至目前，海默科技已获得多项发明专利，并在全球多个市场设立了子公司或代理机构，业务遍布中东、南美、美国等地。海默科技已成为我国油气服务行业的领军企业，在国内外市场上均取得了卓越成就。

本节选择海默科技作为案例研究对象，主要基于以下几点考量。

海外市场拓展的成功：海默科技在海外市场的拓展方面取得了显著成绩，业务覆盖多个国家和地区，处于国内同行业领先地位。这使其具有较强的代表性和示范效应，可以为其他企业提供宝贵的参考经验。

多重特点的企业样本：海默科技兼具中小企业、民营企业以及西部地区企业的多重特点。对其的研究不仅可以为同类型企业提供有益的参考和启示，还可以揭示这些企业在特定环境下的发展路径和策略。

实地调研的便利性：海默科技位于兰州，便于我们进行实地调研，获取真实可靠的第一手资料。这种近距离的研究方式增强了本节研究的可行性和实用性，确保了研究结果的真实性和有效性。

通过选择海默科技作为案例研究对象，我们可以深入了解其在海外市场拓展、技术创新和服务质量提升方面的成功经验。同时，这一研究也将为其他中小企业、民营企业以及西部地区企业提供有价值的参考和启示，帮助它们在激烈的市场竞争中找到适合自身的发展路径。

二、背景介绍

海默科技是一家深耕深水、深层及非常规油气勘探开发领域的跨国企业，专注于提供前沿技术、产品及服务。海默科技在全球范围内拥有 13 家全资分公司及子公司、7 家控股子公司以及 1 家参股公司，员工总数接近千人。公司主营业务涵盖油田高端装备制造、油田技术服务以及油田数字化业务三大领域，产品和服务覆盖中东、北非、中亚、南亚、东南亚、北美及南美等多个国家和地区。

凭借多年的海外市场拓展经验，如图 5-6 所示，海默科技已总结出一套完备的市场开拓策略，为公司的国际化战略奠定了坚实的基础。

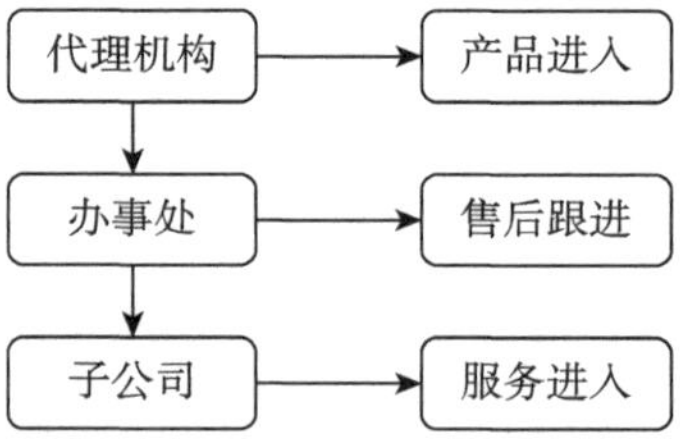

图 5-6　海默科技海外市场进入步骤

海默科技在进入新市场时，采取了一种稳健且有序的策略。起初，公司通过与目标国家的本土企业建立合作关系，设立代理点，并利用贸易渠道将产品引入新市场。随着产品在目标市场逐步被接受和市场份额的扩大，海默科技会进一步在当地设立办事处，旨在提供更加迅速和专业的售后服务，并独立发掘新的客户资源。

当海默科技在目标市场构建起稳定的客户关系网，并拥有了一定规模的忠诚客户基础后，公司会决定在该市场成立子公司。这一举措标志着海默科技在该地区的深化布局，子公司将专注于为客户提供附加值更高、利润率更为可观的勘探测井服务。

海默科技的总经理在访谈中透露，与传统的产品出口方式相比，海外实地勘探油田的单次项目收入往往高达数千万美元。这种业务模式不仅大幅降低了公司的运营成本，拓宽了利润空间，而且通过提供更高品质的现场服务，海默科技能够更准确地满足客户的个性化需求，从而进一步巩固与客户的合作关系。显然，这种以实地服务为核心的业务模式对公司的长远发展更为有利，也更具市场吸引力。

（一）海外业务现状

在 2012 年至 2014 年间，海默科技通过一系列海外并购行动，显著增加了其海外业务的收入。这一战略始于国内，通过收购兰州城临石油钻采设备有限公司 57%的股权，海默科技成功涉足压裂装备领域。随后，公司积极拓展国际版图，收购哥伦比亚 Oilfield Service & Supply 公司 51%的股权，并在美国设立全资子公司，逐步打开了海外市场的大门。①

然而，自 2014 年起，海默科技的海外拓展之路遭遇了重重挑战。一方面，中东欧地区的冲突频发，加之 OPEC（石油输出国组织）与美国页岩气产业的矛盾不断升级，引发了全球范围内的新一轮原油价格战。这场由 OPEC 主导的价格战，对与原油产业紧密相连的油服行业产生了深远的影响。作为油服行业的佼佼者，海默科技的海外市场业务因全球油价下跌而

① 李汶轩．关于数字化转型对生产性服务业企业国际化程度影响的研究［D］．兰州：兰州财经大学，2023.

遭受了严重冲击。

另一方面，中美贸易摩擦的日益紧张也对海默科技的海外收益造成了进一步的负面影响。面对这些不利局面，海默科技开始调整企业战略方向。自2017年起，公司加大了对大数据和人工智能技术的研发投入，积极响应“数字化油田”和“智能油田”的发展趋势，力求在新的技术领域取得突破性进展，以缓解海外市场发展受阻所带来的压力。

（二）海外开设子公司现状

截至2023年，海默科技已在海外成功建立了6家子公司，其地理布局深刻地反映了油服行业的独特性质（见表5-1）。具体而言，这些子公司中，3家位于中东地区，另外3家则坐落于美国。海默科技的这一布局显然受到了全球油气资源分布格局的显著影响。

中东地区，作为全球油气资源的重要产地，对海默科技而言具有无可替代的战略地位。为了更紧密地贴近客户、进一步提升服务质量，海默科技选择在中东的阿联酋、阿曼和沙特阿拉伯等国家设立子公司。这些子公司主要承担起市场开拓和销售的重任。

表5-1　截至2023年海默科技海外子公司名录

子公司名称	经营地	注册地	持股比例	取得方式
海默国际有限公司	中东	阿联酋迪拜	100%	投资设立
海默科技（阿曼）有限公司	中东	阿曼玛斯卡特市	70%（直接） 28%（间接）	投资设立
海默石油天然气有限责任公司	美国	美国特拉华州	100%	投资设立
海默美国股份有限公司	美国	美国休斯顿市	100%	投资设立
哥伦比亚油田服务有限公司	美国	哥伦比亚波哥大市	79%	并购
海默科技沙特公司	中东	沙特阿拉伯	100%	投资设立

三、转型路径

（一）海默科技数字化转型的资源基础

在国际化进程中，企业资源的优化配置与数字化能力的提升至关重要，其中财务资源和创新资源构成了海默科技资源基础的核心要素。

首先，从财务资源维度来看，它综合反映了企业的市值、利润率、资产规模等核心指标，是衡量企业综合实力的关键所在。通过详细分析相关财务报表，并参考图5-7所展示的数据趋势（该图描绘了2010年至2019年间海默科技的总资产、市值及净利润的变化情况），我们可以清晰洞察海默科技的财务表现特征。上市以来至2017年，海默科技的总资产呈现稳步增长的态势，尽管后期略有回调，但整体增长趋势依然显著。相比之下，公司市值与净利润的波动幅度较大。① 特别是在2016年，海默科技的市值达到了历史性的高峰，然而，随后受国际油价剧烈波动的影响，整个油服行业遭遇了前所未有的挑战，经营状况普遍下滑。

面对这一严峻形势，海默科技展现出了非凡的市场敏锐度和精准的战略部署能力。公司净利润在经历2014年至2016年的短暂低迷后，迅速迎来了一个显著的增长期。这一时期的快速增长不仅为海默科技带来了充足的现金流，更为其后续的数字化转型提供了坚实的财务支撑。凭借充裕的资金保障，海默科技得以集中优势资源，加大对数字化领域的投入力度，从而推动企业的持续发展与技术创新。

① 杨礼杉．广东省中小企业数字化转型的现状分析及对策建议［J］．全国流通经济，2024（18）：153-156.

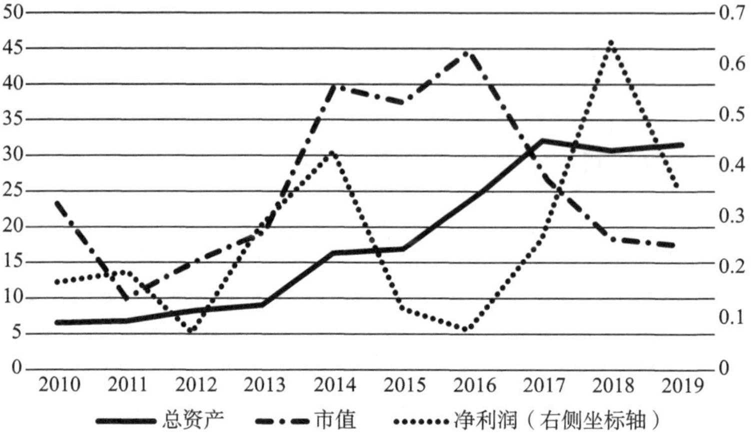

图 5-7　海默科技财务资源情况（单位：亿元）

（数据来源：海默科技 2011—2022 年度财务报表）

图 5-8 直观展现了海默科技自 2010 年至 2021 年间各季度营业收入现金含量的变化趋势，该指标通过计算经营活动产生的现金流量净额与营业总收入的比例得出，是衡量企业产品或服务市场认可度、资金流转效率及市场份额的重要指标。该比值的提升，意味着企业产品或服务市场需求旺盛，资金回收迅速，市场地位稳固。

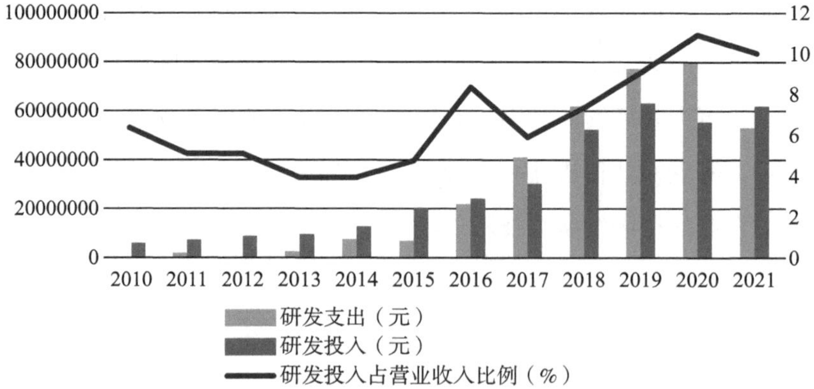

图 5-8　海默科技研发投入情况

（数据来源：海默科技 2011—2022 年度财务报表）

在排除上游行业波动影响后，海默科技的营业收入现金含量在观察期内呈现出稳定的增长趋势。这一趋势不仅凸显了海默科技在市场竞争中的强劲实力，也为其持续健康发展奠定了坚实的财务基础。

将海默科技的现金流状况与同行业平均水平进行对比（如表 5-2 所示），不难发现海默科技在现金流管理上表现卓越，拥有充裕的可流动资金。这一优势使得海默科技在面对市场机遇或挑战时，能够迅速调动资金资源，灵活应对市场变化。特别是在当前数字化转型的关键时期，海默科技凭借这一资金优势，能够更加自信地加大数字化投入，加速推动企业数字化转型，从而在激烈的市场竞争中抢占先机，赢得更广阔的发展空间。

表 5-2 海默科技所属行业平均营业收入现金含量

行业代码	行业名称	统计截止日期	行业营业收入现金净含量
B11	开采辅助活动	2010-12-31	0.091922
B11	开采辅助活动	2012-12-31	-0.02171
B11	开采辅助活动	2014-12-31	0.029425
B11	开采辅助活动	2016-12-31	0.006682
B11	开采辅助活动	2018-12-31	0.089595
B11	开采辅助活动	2020-12-31	0.106599

在创新资源方面，海默科技自创立起就将技术导向确立为其核心发展战略。海默科技集团总经理在访谈中提及，公司在初步拓展国际市场时，确实曾依赖国内相对低廉的原材料和劳动力成本获取了一定的竞争优势。然而，随着我国经济的快速增长，这种成本上的优势在产品竞争中已逐渐消退。面对这一转变，海默科技并未停滞不前，而是坚定地走上了强化技术优势的道路，通过掌握高质量的核心专利技术，成功实现了企业的转型升级。这一点在海默科技的创新投入上有着鲜明的体现。

如图 5-8 所示，从 2010 年至 2021 年，海默科技的研发支出与研发投入整体呈现出稳步上升的趋势。尤其在 2020 年，公司的研发支出达到了历史巅峰；而在2019年，研发投入也攀升至一个显著的高点。此外，海默科技的研发投入占营业收入的比例在统计期间内也基本保持增长态势，这进一步彰显了公司对创新能力的深度重视与持续加码。通过持续加大研发力度，海默科技正不断提升自身的技术底蕴和创新能力，为企业的长远发展构筑起坚实的基石。

（二）海默科技数字资产发展情况

数字资产，作为涵盖软件、网络基础设施、客户端应用、管理系统以及智能平台等一系列基于数字技术的无形资产，构成了企业推进数字化转型不可或缺的基石。追溯海默科技的发展历程，我们可以看到，在2015年至2016年间，其整体的数字资产持有量还处于一个相对较低的水平。但转折点出现在2017年，从那时起，海默科技的数字资产开始迅速增长，并且这一增长趋势一直持续到我们观察的统计期末。

这一显著的变化与海默科技自2018年起将数字化转型正式确立为公司未来发展的核心战略方向有着直接且紧密的关联。可以说，海默科技在早期对数字资产进行的“硬件储备”和“软件积累”，为其后续的全面数字化转型铺设了坚实的道路，并在此过程中发挥了至关重要的作用。这些数字资产的积累不仅为海默科技提供了强大的技术支持，还为其在数字化转型的道路上赢得了宝贵的先发优势。

（三）海默科技数字专利申请状况

数字资产作为推动企业数字化转型的硬件基础，其重要性显而易见。而数字技术专利，则如同企业在软件层面的深厚积淀，直观反映了企业在数字化转型进程中的创新投入及其取得的成果。海默科技在这一关键领域展现出了蓬勃的发展势头，特别是在2017年之后，其独立申请并成功获得的数字专利数量呈现出显著的增长态势。

具体而言，2017 年，海默科技在发明专利领域尚未实现突破，仅取得了 2 项实用新型专利的授权。然而，到了 2019 年，这一局面发生了根本性的变化，海默科技成功申请了 10 项发明专利，实现了从无到有的历史性跨越。步入 2020 年，海默科技在实用新型专利的申请上更是取得了长足的进步，独立申请并成功获批了 26 项专利，这一斐然成绩不仅充分展示了公司在技术创新方面的不懈追求，更为其数字化转型之路提供了更为坚实的软件支撑与保障。

四、转型成果

自 2010 年在深圳证券交易所创业板成功上市以来，海默科技不断拓展业务范围，现已涉足油田数字化和工厂数字化两大支柱领域。

（一）油田数字化

在油田数字化板块，海默科技推出了多项创新产品和服务，引领行业变革。

智能油井生产优化平台：该平台通过部署在油田井口的多类传感器与仪表，精确捕捉井口工况及生产数据。① 借助潘多拉盒子这一工业智能计算机的强大边缘计算能力，系统能够运行多种 AI 推断模型，实现油井生产的智能化决策与全面数字化管理。

数据潘多拉系统：该系统利用先进的 IoT 技术，对油井生产进行智能调控，有效降低生产成本并显著提升生产效率。数据潘多拉系统不仅实现了远程监控与预警、井口设备的远程控制，还提供了抽油机及流量计等仪表的预测性维护，以及生产优化策略的智能决策等功能。这些功能不仅提升了油井生产效率，降低了现场作业成本，还通过持续的自学习能力，不

① 许秀梅，荆若兰，李敬锁．异质性环境规制、数字化投资与中小企业绿色创新［J］．科研管理，2024，45（8）：126-134.

断优化油井资产管理策略。

数据订阅服务：依托美国海默分公司的专业安装、维护与数据采集能力，海默科技为客户提供量身定制的数据订阅服务。从数据采集到算法处理，再到最终的优化解决方案提供，形成了完整的全链条服务。

（二）工厂数字化

在工厂数字化领域，海默科技的全资子公司海默潘多拉数据科技（深圳）有限公司发挥了重要作用。该公司致力于为中小型制造企业提供低成本、短周期、灵活可定制的全业务流程工厂数字化解决方案，秉持“让低成本数字化惠及中小企业”的核心理念。

内部试点与验证：海默科技采取了集团内部子公司试点的策略，率先将数字化方案应用于集团内部其他子公司，以验证转型方案的有效性，并推动集团内部率先完成数字化转型。

高端压裂装备的数字化升级：以海默科技的传统产品——高端压裂装备为例，通过数字化智能平台，数字技术能够实时监测该产品的数据，并记录其性能表现，从而实现产品的快速迭代与优化，为传统产品的智能化升级提供了有力支撑。

五、研究结论

本节深入探讨了数字化转型如何影响生产性服务业企业的国际化程度，并通过动态能力和外界关注度这两条路径进行了机制分析。同时，以海默科技为案例，详细剖析了数字化转型在微观环境下对企业国际化进程的推动作用。

提升国际化水平：

数字化转型显著提升了企业的国际化水平，这一结论在不同统计模型（随机效应模型、时间固定效应模型以及时间、个体双向固定效应模型）

中均得到了验证。经过一系列稳健性检验和内生性检验，进一步增强了这一核心观点的可靠性。

机制分析：

数字化转型通过增强企业的动态能力和提升外界对企业的关注度，显著推动了生产性服务业企业的国际化进程。这两个中介变量在机制分析过程中均起到了积极的推动作用，并通过“三步法”中介效应模型检验以及Bootstrap 自抽样法的进一步验证，确保了机制分析的稳健性。

异质性分析：

在技术应用层面，大数据、云计算等提高信息处理效率的技术对企业国际化的影响更为显著，而直接提升生产效率的工业互联网技术影响相对较小。

从企业规模来看，数字化转型对大型企业的影响更为显著，对中小规模企业的影响相对较小。

从企业性质来看，对国有企业的影响更为突出，对民营企业的影响则相对较弱。

在区位层面，虽然数字化转型对东部地区企业的影响更为显著，但对中西部地区企业的影响系数更高，显示出“数字红利”在发挥积极作用。

通过对海默科技的案例分析，本节在微观层面进一步证实了数字化转型对企业国际化进程的推动作用。数字化转型不仅提高了海默科技的生产效率，还帮助其拓展了传统业务范围、创新了业务模式，并巩固和建立了新的竞争优势，从而加深了国际化经营的程度。

六、借鉴意义

（一）政企协同发力，进一步提高数字投入

为了进一步强化我国在数字领域的投入，政府与企业需协同努力。

政府方面：

加大对“新基建”的投资力度，特别是针对ICT、5G基站、数据中心以及工业互联网等关键外部基础设施的建设。

完善数字基础设施体系，构建现代化的数字平台，为生产性服务业企业的数字化转型提供强有力的外部支持。

企业方面：

合理配置资源，加大对数字技术研发的投入。

设立专门的数字化转型部门，引进和培养具备半导体、计算机软件等数字技术专业知识的人才。

提高研发支出在业务收入中的占比，将技术创新视为推动企业发展的核心动力。

（二）政策有的放矢，制定有针对性的支持办法

针对我国经济发展中存在的地区间、企业间的不均衡问题，政府与企业需紧密合作，采取精准措施，推动全面、协调的数字化转型进程。

政府方面：

制定并执行差异化的政策，解决中小企业和民营企业在数字化转型中面临的难题。

重点支持具有专精特新特质且具备国际竞争力的中小企业，通过减税降费、提供专项贷款等融资支持，缓解资金压力。

加强全国数字资源的统筹规划与优化配置，推广面向中小企业的互联网服务平台，实现数字化转型资源的共享。

中西部地区：

抓住国家大力发展数字经济的政策机遇，积极参与“东数西算”等重大数字工程，加速数字化转型步伐。

当地政府应出台配套政策，鼓励企业积极参与，借助政策红利实现转

型升级，并探索开拓国际市场的路径。

（三）合理评估实力，审慎选择应用技术

企业在规划数字化转型策略时，必须审慎评估自身实际情况，明确转型的方向和目标，避免盲目跟风带来的资源浪费和风险积累。

分阶段推进：

从内部小范围试点开始，逐步扩大至全公司范围，确保数字技术不仅在生产环节得到有效应用，还能深入管理流程，实现全面的数字化升级。

选择合适的技术：

虽然工业互联网、区块链等技术对生产性服务业的海外拓展具有一定作用，但其影响相对有限。相比之下，大数据和云计算技术则表现出更为显著的推动作用。

企业应优先考虑对大数据和云计算技术的投资，以充分发挥其对企业发展的引领作用。对于其他技术，企业应保持审慎态度，避免盲目追求数字资产的规模扩张。

（四）优化外部环境，积极开拓国际市场

在当前全球不确定性风险持续上升的环境下，企业的国际化经营面临着多重复杂挑战。政府与企业需要紧密合作，利用数字技术构建强有力的保障体系。

政府方面：

积极推动数字经济国际合作，如共建“数字丝路”倡议、二十国集团领导人巴厘岛峰会上达成的数字基础设施互联互通共识，以及《数字经济伙伴关系协定》（DEPA）的落实。

制定和完善相关法律法规，明确界定数字要素的产权归属，加强知识产权保护，激励企业自主创新。

建立健全公开透明的市场机制，确保市场信号的真实传递，为企业的数字化转型营造公平、公正的竞争环境。

企业方面：

充分利用数字化转型的机遇，发挥数字技术在降低技术壁垒、减少人员流动、规避国际投资风险等方面的独特优势。

积极拓展海外市场，加大投入力度，利用数字技术对传统业务进行革新，为企业的国际化经营增添新的动力。

通过上述措施，政府和企业可以共同推动数字化转型的深入发展，助力生产性服务业企业在国际市场上取得更大的成功。

第六章

中小企业数字化转型的建议与展望

中小企业作为市场经济的主体，其数字化转型不仅是企业自身发展的需求，也是适应经济全球化和市场竞争的必然选择。数字化转型为中小企业带来了显著的竞争优势。通过引入先进的技术和管理理念，中小企业可以提高生产效率、降低成本、优化资源配置，从而提升市场竞争力。

一、灵活应对市场变化与挑战

在快速变化的市场环境中，中小企业面临着诸多挑战，但同时也孕育着巨大的机遇。为了灵活应对市场变化与挑战，中小企业需要采取一系列策略。

（一）增强市场洞察力和趋势预测能力

中小企业应加强对市场动态的关注和分析，利用大数据、人工智能等数字化工具，提高对市场趋势的预测能力。通过持续跟踪行业新闻、分析竞争对手策略、调研消费者需求，企业可以更准确地把握市场脉搏，为制定和调整业务策略提供有力支持。

（二）快速响应市场变化，调整业务策略

面对市场的瞬息万变，中小企业需要具备高度的灵活性和应变能力。一旦发现市场趋势变化或新的市场需求，企业应迅速调整业务策略，包括产品定位、营销渠道、定价策略等，以适应市场变化，保持竞争力。

（三）利用数字化工具提高运营效率

数字化工具是提高运营效率的重要手段。中小企业可以引入 ERP（企业资源规划）、CRM（客户关系管理）等系统，实现业务流程的自动化和智能化，提高工作效率。同时，利用数据分析工具对市场数据进行深入挖掘，发现潜在的业务机会和改进点，为优化运营策略提供数据支持。

（四）增强客户体验和个性化服务

在数字化时代，客户体验成为企业竞争的核心要素之一。中小企业应重视客户反馈，通过数字化手段收集和分析客户数据，了解客户的真实需

求和偏好，提供个性化的产品和服务。同时，优化客户服务流程，提高客户满意度和忠诚度。

（五）采用敏捷管理方法应对不确定性

敏捷管理方法强调快速迭代、灵活调整，非常适合应对市场不确定性。中小企业可以借鉴敏捷开发的理念，将项目分解为多个小周期，每个周期结束后进行复盘和调整，确保项目能够紧密贴合市场需求变化。

（六）建立灵活的供应链管理系统

供应链是中小企业应对市场变化的重要支撑。企业应建立灵活的供应链管理系统，与供应商建立紧密合作关系，确保在市场需求变化时能够快速调整供应链策略，如调整采购量、优化库存管理等。① 同时，利用数字化手段提高供应链的可视化和协同性，降低运营成本，提高供应链的整体效率。

二、创新商业模式以适应数字化时代

在数字化时代，中小企业面临着前所未有的机遇与挑战。为了在这个充满变化的环境中立足并蓬勃发展，创新商业模式成为企业的必然选择。以下是一些创新商业模式的策略，旨在帮助中小企业更好地适应数字化时代。

（一）探索基于订阅的服务模式

订阅服务模式是一种持续收费的业务模式，通过定期提供产品或服务来吸引并留住客户。在数字化时代，这种模式尤为流行，因为它能够为企

① 朱恒悦，沈震宇，孙艳．数字化转型与“专精特新”中小企业创新效率——基于融资约束视角［J］．现代管理科学，2024（5）：158-168.

业带来稳定的现金流，同时提高客户黏性。中小企业可以探索与自身业务相关的订阅服务，如软件订阅、会员服务、定期配送等，以满足客户对持续价值和便利性的需求。

（二）利用数字化平台拓展新的销售渠道

数字化平台为中小企业提供了前所未有的销售渠道。通过电商平台、社交媒体、移动应用等数字化渠道，企业可以触达更广泛的潜在客户群体，实现销售增长。中小企业应积极利用这些平台，优化线上购物体验，提升品牌影响力，以吸引更多消费者。

（三）开发与数字化相关的增值服务

在数字化时代，消费者对个性化、智能化服务的需求日益增长。中小企业可以开发与自身业务相关的增值服务，如数据分析报告、智能推荐系统、个性化定制服务等，以满足客户的深层次需求，提升客户满意度和忠诚度。

（四）采用多渠道营销策略

多渠道营销策略有助于中小企业更全面地覆盖目标市场。除了传统的广告、促销手段外，企业还应积极利用社交媒体、搜索引擎优化、内容营销等数字化营销手段，提高品牌知名度和曝光率。同时，通过整合线上线下渠道，实现营销效果的最大化。

（五）利用物联网技术创造新的商业模式

物联网技术通过将智能设备、传感器等连接到互联网，实现了物理世界与数字世界的无缝连接。中小企业可以利用物联网技术，开发新的商业模式，如智能家居解决方案、远程监控与维护服务、智能物流系统等，以提供更高效、更便捷的服务。

（六）通过数据分析驱动产品和服务创新

数据分析在数字化时代扮演着至关重要的角色。中小企业应充分利用大数据、人工智能等技术，对客户需求、市场趋势进行深入分析，以指导产品和服务创新。通过数据分析，企业可以发现潜在的市场机会，优化产品设计，提升服务质量，从而在竞争中脱颖而出。

三、培养数字化领导力和企业文化

在数字化时代，企业的成功不仅依赖于技术和工具的应用，更在于领导者的远见卓识和企业文化的塑造。培养数字化领导力和企业文化是推动企业数字化转型的关键。以下是一些策略，旨在帮助中小企业培养数字化领导力和构建有利于数字化转型的企业文化。

（一）培养具有前瞻性的数字化领导者

数字化领导者需要具备对市场趋势的敏锐洞察力、对技术的深刻理解以及推动变革的勇气和决心。[①] 中小企业应采用外部招聘和内部培养相结合的方式，选拔和培养具备这些特质的领导者。同时，鼓励领导者持续学习，参加相关培训和研讨会，以不断提升其数字化素养和领导能力。

（二）建立鼓励创新和承担风险的企业文化

创新是数字化转型的核心驱动力。中小企业应营造一种鼓励创新、容忍失败的企业文化，让员工敢于提出新想法、尝试新方法。同时，建立风险承担机制，为员工提供一定的试错空间和资源支持，以激发其创新

① 严玄烨．数字经济下中小企业市场营销数字化转型研究［J］．老字号品牌营销，2024（18）：34-36.

潜力。

（三）通过领导力培训提升团队协作能力

团队协作是数字化转型过程中不可或缺的一环。中小企业应组织领导力培训，提升领导者的团队协作能力和沟通技巧，以促进团队内部和跨部门的协作。通过培训，领导者可以更好地理解团队成员的需求和期望，激发团队成员的积极性和创造力。

（四）促进跨部门的沟通和知识共享

数字化转型往往涉及多个部门和业务流程的变革。中小企业应建立跨部门沟通机制，促进不同部门之间的信息共享和协作。通过定期召开跨部门会议、建立知识共享平台等方式，加强部门间的联系和合作，共同推动数字化转型的顺利进行。

（五）建立以数据驱动决策的企业环境

数据是数字化转型的重要基础。中小企业应建立以数据驱动决策的企业环境，鼓励员工利用数据进行分析和决策。通过引入数据分析工具和方法，培养员工的数据意识和数据分析能力，以提高决策的准确性和效率。

（六）强化员工对数字化转型的认同感和参与度

员工是数字化转型的主体。中小企业应通过宣传、培训等方式，强化员工对数字化转型的认同感和参与度。让员工了解数字化转型的重要性和必要性，激发其参与变革的积极性和主动性。同时，建立激励机制，对在数字化转型中表现突出的员工进行表彰和奖励，以激发全体员工的参与热情。

参考文献

［1］蔡自兴，徐光祐．人工智能及其应用［M］．北京：清华大学出版社，1996.

［2］曾颖．中小企业低成本数字化转型之路［M］．北京：中华工商联合出版社，2022.

［3］陈剑，李伟，张波．数字技术与企业变革：商业模式创新与管理实践［M］．北京：经济管理出版社，2020.

［4］马克思．资本论：第一卷［M］．北京：人民出版社，2004.

［5］毛光烈，杨华勇，等．中小企业数字化转型系统解决方案［M］．北京：机械工业出版社，2024.

［6］习近平．高举中国特色社会主义伟大旗帜为全面建设社会主义现代化国家而团结奋斗——在中国共产党第二十次全国代表大会上的报告［M］．北京：人民出版社，2022.

［7］习近平．论把握新发展阶段、贯彻新发展理念、构建新发展格局［M］．北京：中央文献出版社，2021.

［8］习近平．习近平谈治国理政：第三卷［M］．北京：外文出版社，2020.

［9］习近平．习近平谈治国理政：第四卷［M］．北京：外文出版社，2022.

［10］许鑫，梅妍霜．企业数字化转型理论实践与探索［M］．上海：

上海交通大学出版社，2023.

［11］闫德利．数字经济：开启数字化转型之路［M］．北京：中国发展出版社，2019.

［12］中共中央党史和文献研究院．习近平关于网络强国论述摘编［M］．北京：中央文献出版社，2021.

［13］朱方明，张衔．政治经济学［M］．成都：四川大学出版社，2001.

［14］毕娟，李江涛，董丽丽．中小企业数字化转型“学样仿样”［J］．企业管理，2024（8）：50-54.

［15］蔡文芳．宁波中小企业数字化转型路径研究［J］．宁波经济（三江论坛），2024（9）：9-12.

［16］陈建校．企业战略管理理论的发展脉络与流派述评［J］．学术交流，2009（4）：75-79.

［17］陈娟．新发展格局下中小企业数字化转型研究——以淮安市为例［J］．全国流通经济，2024（18）：104-107.

［18］陈如明．智能、智慧及人工智能发展问题与向超级人工智能迈进的务实发展策略［J］．数字通信世界，2016（S2）：33-42.

［19］方励筠．数字经济时代企业应用型数智会计人才培养模式分析［J］．太原城市职业技术学院学报，2024（8）：9-12.

［20］冯前进．数字化背景下我国中小企业网络安全等级保护实现路径研究［J］．网络安全技术与应用，2024（10）：101-103.

［21］高剑．工业互联网赋能中小企业数字化转型的实践研究——以江苏省苏州市吴江区为例［J］．中国电信业，2024（8）：22-25.

［22］龚晓莺，杨柔．数字经济发展的理论逻辑与现实路径研究［J］．当代经济研究，2021（1）：17-25.

［23］龚尧，王樱诺，王志勇．数字化转型背景下中小企业创新管理

优化研究［J］. 现代商业，2024（17）：80-83.

［24］何锋. 论数字化时代 RPA 在中小企业财税领域的应用［J］. 理财，2024（10）：77-78，91.

［25］洪新华，麦强盛. 企业战略管理理论演变的影响因素分析［J］. 江苏商论，2003（11）：144-145.

［26］胡峰，翁夏燕，向荣. "专精特新"中小企业高质量发展路径优化研究：浙江为例［J］. 未来与发展，2024，48（8）：95-102.

［27］胡乾韬，王节祥，杨大鹏，娄淑珍. 集群中小企业协同新创平台的资源行动机制——构建数字产业集群的路径探索［J］. 管理案例研究与评论，2024，17（4）：646-662.

［28］胡姝姝. 数字转型环境下中小企业文件管理模式研究［D］. 吉林大学，2024：27.

［29］胡婷飞. 建筑企业财务共享：跨部门协作的最佳实践［J］. 中国集体经济，2024（16）：101-104.

［30］胡勇强. 数字化转型、组织敏捷性与企业创新——环境不确定性的调节作用［J］. 科技和产业，2024，24（15）：81-86.

［31］贾小迪. B 公司扁平化管理优化研究［D］. 西安：西安建筑科技大学，2022：15.

［32］蒋新松. 人工智能及智能控制系统概述［J］. 自动化学报，1981，7（2）：148-156.

［33］郎雪冰. 我国中小企业会计数字化转型的问题与策略［J］. 中国会展，2024（19）：106-108.

［34］黎粤，程正，乔鹏亮. 大数据分析能力、组织敏捷性对企业服务创新绩效的影响［J］. 全国流通经济，2023（4）：40-43.

［35］李柏洲，吕海军. 企业战略管理理论的演进及其发展方向［J］. 中国科技论坛，2003（4）：104-108.

［36］李宝琛．基于斯蒂格利茨理论谈企业战略管理原则的制定［J］．商场现代化，2006（18）：71.

［37］李画画，尹雪．数实融合促进泰安市中小企业数字化转型的作用机制和对策研究［J］．经济研究导刊，2024（18）：59-62.

［38］李辽辽，张亚莉，杨朝君．数字化转型、组织韧性与企业可持续发展——双元学习视角［J］．软科学，2024，38（10）：69-76.

［39］李舒沁．欧盟支持中小企业数字化转型发展政策主张及启示［J］．管理现代化，2020，40（5）：65-68.

［40］李帅娜，林婷．数字化转型、专业化分工与服务业企业生产率——破解“生产率悖论”之谜［J］．财贸研究，2023，34（8）：26-37.

［41］李思勰．基于数智化视角的中小企业人才激励机制优化策略探讨［J］．企业改革与管理，2024（14）：84-86.

［42］李涛，孙晓臣，张治高．企业级信息技术 IT 基础构架选型分析［J］．集成电路应用，2021，38（8）：286-290.

［43］李汶轩．关于数字化转型对生产性服务业企业国际化程度影响的研究［D］．兰州：兰州财经大学，2023.

［44］李想．双元学习视角下创业导向对中小企业数字化转型成熟度的影响机理研究［D］．郑州：河南财经政法大学，2024：5.

［45］李雪灵，刘源．制造业数字化转型的悖论治理——基于我国“灯塔工厂”企业的案例研究［J］．研究与发展管理，2023，35（6）：1-18.

［46］李义振．组态视角下甘肃省中小企业数字化转型影响因素及多元化路径研究［D］．兰州：兰州财经大学，2024：24.

［47］李源，薛玉莲．数字化转型与企业可持续发展［J］．企业经济，2022，41（12）：61-68.

［48］梁雅楠，张成．企业数字化转型能否破解“生产率悖论”——

基于沪深A股上市公司数据的实证分析［J］. 企业经济，2024，43（9）：60-70.

［49］林雪. 数字化转型对中小企业品牌忠诚度的影响研究［J］. 现代营销，2024（24）：47-49.

［50］刘伯俞. 制造业中小企业数字化转型对开放式创新的影响研究［D］. 济南：山东财经大学，2024：15.

［51］刘丹，马健. 数字经济赋能中小企业高质量发展案例解析——以日本中小企业为例［J］. 商场现代化，2024（18）：137-139.

［52］刘军波. 杭州：助力中小企业数字化转型第一批企业科技特派员出征［J］. 今日科技，2024（8）：40.

［53］刘军航，郭玲丽. 数字化转型对企业可持续发展绩效的影响研究［J］. 金融理论与实践，2023（12）：1-13.

［54］刘丽蓉. 数字化转型对中小企业价值的影响研究［D］. 呼和浩特：内蒙古财经大学，2024：24.

［55］刘璐璐. 数字经济时代的数字劳动与数据资本化——以马克思的资本逻辑为线索［J］. 东北大学学报（社会科学版），2019，21（4）：404-411.

［56］刘思雯. 数字领导力对中小企业数字产品创新的影响研究［D］. 长春：吉林大学，2024：13.

［57］刘新争. 企业数字化转型中的“生产率悖论”——来自制造业上市公司的经验证据［J］. 经济学家，2023（11）：37-47.

［58］刘洋. 数字化转型驱动山西省中小企业高质量发展研究——以食品企业为例［J］. 食品工业，2024，45（8）：119-122.

［59］刘毅. 人工智能的历史与未来［J］. 科技管理研究，2004（6）：121-124.

［60］陆宇升. 工业互联网如何赋能中小企业数字化转型［J］. 中国

商人，2024（10）：144-145.

［61］马赛，李晨溪．基于悖论管理视角的老字号企业数字化转型研究——以张弓酒业为例［J］．中国软科学，2020（4）：184-192.

［62］牛伟清．中小企业数字化转型对企业绩效的影响研究［D］．北京：中国财政科学研究院，2023：35.

［63］祁媛媛，孟祥菊．员工数字思维助力企业数字化转型的路径探讨［J］．人才资源开发，2023（17）：80-82.

［64］权玺，梁玮．试错：数字经济时代平台型传媒组织演化新路径［J］．新闻战线，2018（6）：28-30.

［65］任颖洁．《资本论》中“技术进步—产业升级”思想与就业路径研究［J］．当代经济研究，2020（5）：1-10.

［66］商迎秋．企业战略管理理论演变与战略风险思想探析［J］．技术经济与管理研究，2011（3）：65-69.

［67］申玉芬．数字经济时代工商管理创新对中小企业数字化转型的影响［J］．上海商业，2024（8）：44-46.

［68］孙凤华．企业战略管理理论述评［J］．北京工商大学学报（社会科学版），2002（5）：44-46.

［69］汤璐．全面预算管理下的企业成本控制研究［J］．今日财富，2024（29）：92-94.

［70］滕欣欣，邹建梅．企业 E-learning 的 ROI 分析［J］．山东广播电视大学学报，2012（1）：46-48.

［71］王德禄，申胤．企业试错与业态创新［J］．中国经济报告，2014（10）：74-77.

［72］王革，吴练达，张亚辉．企业战略管理理论演进与展望［J］．科学学与科学技术管理，2004（1）：101-106.

［73］王巾，阳杰，江锋．西方企业战略管理理论演进及其演变规律

探索［J］. 商业研究，2006（20）：90-92.

［74］王旭，张晓宁，牛月微．“数据驱动”与“能力诅咒”：绿色创新战略升级导向下企业数字化转型的战略悖论［J］. 研究与发展管理，2022，34（4）：51-65.

［75］魏珠丽．中小企业数字化转型的困境及应对措施［J］. 辽宁经济职业技术学院．辽宁经济管理干部学院学报，2024，（4）：50-52.

［76］吴欢，卢黎歌．数字劳动与大数据社会条件下马克思劳动价值论的继承与创新［J］. 学术论坛，2016，39（12）：7-11.

［77］吴江，陈浩东，陈婷．中小企业数字化转型的路径探析［J］. 新疆师范大学学报（哲学社会科学版），2024，45（1）：96-107，2.

［78］吴敏．企业所得税优惠对于制造业中小企业数字化转型的影响研究［D］. 北京：中国财政科学研究院，2024：13.

［79］吴楠，李昊巍，许莉新，赵安琪．工业互联网赋能中小企业“链式”数字化转型——以江苏省为例［J］. 智能制造，2024（4）：14-17.

［80］伍婵提，吴丽果．宁波大力培育数字化服务商加快推进中小企业数字化转型的对策研究［J］. 宁波经济（三江论坛），2024（9）：13-17.

［81］徐怀宁，董必荣．数字化转型如何推动企业可持续发展——基于企业核心竞争力塑造的视角［J］. 当代经济管理，2023，45（7）：44-53.

［82］徐铭辰，刘衡．先进制造企业数字化转型及其赋能中小企业模式研究［J］. 价格理论与实践，2024（6）：143-148.

［83］许秀梅，荆若兰，李敬锁．异质性环境规制、数字化投资与中小企业绿色创新［J］. 科研管理，2024，45（8）：126-134.

［84］严玄烨．数字经济下中小企业市场营销数字化转型研究［J］. 老字号品牌营销，2024（18）：34-36.

［85］杨礼杉．广东省中小企业数字化转型的现状分析及对策建议

［J］．全国流通经济，2024（18）：153-156.

［86］张璐．数字化转型对中小企业创新的影响研究［D］．济南：齐鲁工业大学，2024：21.

［87］周尧．中小企业财务管理数字化转型探讨［J］．今日财富，2024（30）：152-154.

［88］朱恒悦，沈震宇，孙艳．数字化转型与“专精特新”中小企业创新效率——基于融资约束视角［J］．现代管理科学，2024（5）：158-168.

［89］朱祝武．人工智能发展综述［J］．中国西部科技，2011，10（17）：8-10.

［90］习近平．在网络安全和信息化工作座谈会上的讲话［N］．人民日报，2016-04-26（002）．

［91］习近平．审时度势精心谋划超前布局力争主动实施国家大数据战略加快建设数字中国［N］．人民日报，2017-12-10.

［92］人民日报评论员．大力推动我国经济实现高质量发展［N］．人民日报，2017-12-23.

［93］习近平向2019中国国际数字经济博览会致贺信［N］．人民日报，2019-10-12（001）．

［94］习近平向2021年世界互联网大会乌镇峰会致贺信［N］．人民日报，2021-09-27（001）

［95］习近平向2022年世界互联网大会乌镇峰会致贺信［N］．人民日报，2022-11-10（001）．

［96］深入分析推进碳达峰碳中和工作面临的形势任务 扎扎实实把党中央决策部署落到实处［N］．人民日报，2022-01-26（001）．

［97］习近平．切实加强基础研究　夯实科技自立自强根基［N］．人民日报，2023-02-23.

［98］陈冬琪．对外经济贸易大学教授、博士生导师王健：鼓励中小企业进行数字化转型［N］．汕头日报，2024-09-30（002）．

［99］李争粉．工业互联网赋能中小企业数字化转型［N］．中国高新技术产业导报，2024-10-21（011）．

［100］Bharadwaj，A.，El Sawy，O. A.，Pavlou，P. A.，& Venkatraman，N. Digital business strategy：Toward a next generation of insights［J］. MIS Quarterly，2013，37（2）：471-482.

［101］Brynjolfsson，E.，& McAfee，A.. The Second Machine Age：Work，Progress，and Prosperity in a Time of Brilliant Technologies［M］. W. W. Norton & Company，2014：115.

［102］Chen，J.，& Zhang，M.. Digital Transformation in Business：A Review of the Evolution and Current Trends［J］. International Journal of Information Management，2017，37（3），271-282.

［103］Davenport，T. H. Process innovation：Reengineering work through information technology［M］. Harvard Business Press，2018：154.

［104］Davenport，T. H.. Putting the Enterprise into the Enterprise System［J］. Harvard Business Review，1998，76（4），121-131.

［105］Drucker，P. F. Post-Capitalist Society［M］. Harper Business，1993：157.

［106］Hitt，M. A.，Ireland，R. D.，& Hoskisson，R. E.. Strategic Management：Competitiveness and Globalization［M］. South-Western College Publishing，1997：275.

［107］Iansiti，M.，& Lakhani，K. R.. Digital innovation and the dynamics of ecosystems［J］. Harvard Business Review，2014，92（6）：58-66.

［108］Kane，G. C.，Palmer，D.，Phillips，A. N.，Kiron，D.，& Buckley，N. Strategy，not technology，drives digital transformation［J］. MIT Sloan

Management Review, 2015, 14 (3): 1-25.

[109] Karimi, J. , & Walter, Z. . The role of digital technologies in business model innovation: A case study of the impact of digital technologies on business model evolution [J]. Journal of Business Research, 2015, 68 (4): 852-860.

[110] Kelly, K. New Rules for the New Economy: 10 Radical Strategies for a Connected World [M]. Viking, 1998: 312.

[111] Kotter, J. P. . Leading Change [M]. Harvard: Harvard Business Press, 1996: 124.

[112] Kurzweil R. The Age of Spiritual Machines [J]. Work & Think in the New Age of Inteligent Machines, 2001, 38 (4): 351-352.

[113] Lemon, K. N. , & Verhoef, P. C. Understanding customer experience throughout the customer journey [J]. Journal of Marketing, 2016, 80 (6): 69-96.

[114] Li, S. , Su, C. , & Lee, H. . The digital transformation of enterprises: Implications for strategic management [J]. InternationalJournal of Information Management, 2018 (40): 226-235.

[115] Machlup, F. The Production and Distribution of Knowledge in the United States [M]. Princeton University Press, 1962: 118.

[116] McKinsey & Company. The next normal: The future of work in the digital age [M]. McKinsey Digital, 2020: 142.

[117] Mell, P. , & Grance, T. The NIST definition of cloud computing [M]. National Institute of Standards and Technology Special Publication, 2011: 800.

[118] Nilsson N. J. Artificial Intelligence: a New Synthesis [M]. San Francisco: Morgan Kaufmann Publishers Inc. , 1998: 5.

[119] Porat, M. U. The Information Economy: Definition and Measurement [M]. U. S. Department of Commerce, National Technical Information Service, 1977: 218.

[120] Porter, M. E., & Heppelmann, J. E.. How smart, connected products are transforming competition [J]. Harvard Business Review, 2014, 92 (11): 64-88.

[121] Pustokhina, I. Innovation in digital transformation: The concept and perspectives [J]. International Journal of Computer Science and Information Security, 2015, 13 (1): 1-9.

[122] Schalkoff R. Artificial Intelligence: an Engineering Approach [M]. New York: McGraw Hill Education, 1990: 25.

[123] Schein, E. H.. Organizational culture and leadership (4th ed.) [M]. Jossey-Bass, 2010: 112.

[124] Schwabe, K. The Fourth Industrial Revolution [M]. Crown Publishing Group, 2016: 118.

[125] Tapscott, D., & Tapscott, A.. Blockchain revolution: How the technology behind bitcoin is changing money, business, and theworld [M]. Penguin, 2016: 78.

[126] Tapscott, D. The Digital Economy: Promise and Peril in the Age of Networked Intelligence [M]. McGraw-Hill, 1996: 124.

[127] Teece, D. J., Pisano, G., & Shuen, A.. Dynamic capabilities and strategic management [J]. Strategic Management Journal, 1997, 18 (7): 509-533.

[128] Tushman, M. L., & O′Reilly, C. A.. Ambidextrous Organizations: Managing Evolutionary and Revolutionary Change [J]. California Management Review, 1996, 38 (4): 8-30.